「敵《ヤバイ奴》」に居場所を与えるな

あなたの人生を変える——詩編23編からの発見

ルイ・ギグリオ［著］　田尻潤子［訳］

YOBEL,Inc.

Dont Give the Enemy a Seat at Your Table
It's Time To Win The Battle Of Your Mind...
by Louie Giglio

Published by arrangement with HarperCollins Christian Publishing, Inc.
through Tuttle-Mori Agency, Inc., Tokyo
Japanese translation by Junko Tajiri
Yobel, Inc.
Tokyo, Japan

人生の荒波に感謝している。
真の仲間は誰だったのか、これではっきりした。

この本のタイトルとなったメッセージを送ってくれた友人へ
——君のおかげで人生が変わった。
神がそうするのを黙って見守っていてくれて、ありがとう。

目次

第7章　すべての思考を取り押さえる

第9章　真の姿を前によろめく　192

第10章　心という庭園　215

聖書箇所は主に新改訳2017から引用しています。新共同訳から引用したものはその旨記載してあります。また、詩編23編5節のみフランシスコ会聖書研究所訳から引用しました。特に前半部分が著者の伝える意図をより的確に表現していると判断したためです。

第1章　人生を変える言葉

私は叩かれていた。少なくともそう感じていた。誤解され、見捨てられ、傷ついていた。

妻のシェリーと私はすさまじい嵐の真っただ中にいた。この時だけだったわけではないが、教会のリーダーとして最もつらい時期だった。あちこちから自分に向かって矢が飛んでくるような感じだ。心は重く、葛藤を抱えていた。

数年前に自分の教会を立ち上げようと決心し、これから旅立ちだって時に冷や水を浴びせるようなことを言ってきた友人がいた。「大変だよ。君が今までやってきたどんなことよりもね」。

その時は、そんな言葉は頭から振り払った。大変なことなんて、今までいくつもやってきたよ。そう思った。それが今になって、友人の言ったことがよみがえる。彼は正しかった。ほとんど互いに面識のなかった人たちが集まってできた「信仰の家族」のはずの地域教会は、私の甘さを露呈していた（内輪のトラブルなんてよくあることだが、うちは関係ないと思っていた）。五〇歳にもなって、私は自分の限界を試されているかのような問題に直面したのだった。

現実のものとなった内部対立は強烈で、個人的なものでもあった。苦痛とストレスが心に居座り続けているようだった。この状態で教会をやる意味なんてあるのか、さっさとたたんでしまったほうがいいのではないか、と何度も思った。

揉めごとが勃発してから数か月が経とうとしていたある日の夜、いつもの帰り道の途中、私は信用できる友人に送るメッセージをスマホで入力するのに夢中になっていた。その日の午後、私は自分に着せられた汚名をそそぐことができる材料を見つけていた。あなたの言い分は、自分で言わなくても時が明らかにしてくれる。こんな言葉をずっと信じていたが、この日は、自分の正しさを時が証明してくれたことを実感した日だったのだ。こんなグッドニュース、黙っていられるわけがない。私は間違っていなかったと誰かに言いたくて仕方がなかった。だからトラブルのあいだ私の味方をしてくれて、一緒にたたかってくれた人に連絡しようと思ったのだ。

しかしそれがもう、ひどい文章だった。落ち着きのない、自己弁護にまみれた長ったらしい「傑作」は、こんな具合だ：信じてもらえないだろうけど、すごいことがあった。俺だけが正しいなんて言うつもりはないけど、でもね、そうなっちゃったんだよ！　信じられるかい？　人の本性って時間が経てばわかるものだよね？　何が言いたいかって、だから、ついに……なんたら、かんたら。

送信ボタンを押して、しばし待つ。それだけ。返事が来ないかなと、私はただ画面を見つめるだけだった。元気が出るような、こんな返事がもらえるのを期待しながら。よおルイ！　僕は味方だからね！　君が正しいのはずっとわかってたよ！　私は誰かの肩に寄りかかって泣きたかったのだ。お祝いにハイタッチとかグータッチ（絵文字のやつじゃなくて）をやってみたかった。

しばらく時間が経つ。さらにもう少し。ただ待った。

ここで少し立ち止まってみよう。あなた自身をふりかえってみてほしい。あのようなメッセージを誰かに送ったことがあるだろうか？

わざわざ苦労するために教会なんてやる必要ない。そんなふうに気分がふさいで被害妄想にかられ、心に余裕がなくなることは誰にでも経験があると思う。反動で強気に出たくなるか、あきらめてしまうか。あなただったら、どうするだろうか。

心の中のたたかいに、どうしたら勝つことができるのか？

全てを変えたメッセージ

精神的に追い詰められて、心に葛藤を抱えて混乱しているときは、とりあえずどうやってそこから抜け出すかを考えてみるだろう。しかし実際に頭が回るかとなると、口で言うほどたやすいことではない。

もしかすると、誰かの意地悪な行動や人を傷つけるような言葉について、間違った解釈をしているのかもしれない。葛藤《かっとう》は自分自身の内側から湧いてきているものなのかもしれない。こっちは悪くないのに攻撃された。傷つけられた。叩きのめされた。そそのかされた。やられた。気分は最悪で、ストレスは溜まり放題だ。友人、同僚、家族、さらに文句を言ってくる人たちや、正当性ばかり主張しつつ落ち度をさらすような人たちとのやりとりを何度も思い出しては疲労感を覚える。

こんな状態だと、不安と絶望が心を占めるようになる。誰かに妙なことをされはしまいかと常に周囲を警戒してしまう。感情の波に悩まされる。怒ってキレやすくなる。突然泣き出したくなる。ネガティブ思考に支配されることは、誰にでもある。なかなか寝つけず夜中に天井を見つめながら、一体どうやってこの事態を収拾させて結末まで持ち込むかを必死になって考えているような時はなおさらだ。追い詰められていると感じると被害妄想に取りつかれ、過剰防衛的になってしまうのだ。

そして、味方になってくれる人を探し始める。誰かを――誰でもいいから――自分と同じ視点を持つ人を探す。自分の言い分を聞いてくれて、同情してくれる人をこっちに引き寄せたがる。そういうわけで、あの日、私は家の外でスマホ画面に表示される狭いコミュニティ間の返事に固執していたのだ。

思い出してほしいのだが、あのメッセージは気合を入れて書いたものだ。だから友人からの返事も、それ相応の量を私は期待していた。なんというか、ちゃんとしていて力強いやつ。前向きで、連帯感を示しているようなやつだ。いろいろ言ってほしかった。

ようやく返事が来た。それが、たったの一行だけ。厳密に言うと、九つの単語からなる一行だった。がっかりして私は思わず口にした。「おい冗談だろ！」しかし、身を乗り出してそのメッセージに集中してみた。それは私の人生を変えるものだった。こんなメッセージだった：

Don't give the Enemy a seat at your table.（敵を食卓に着かせるな）

イラっときたのを抑え、メッセージに集中した。私はすぐに察した。友人は見抜いていたのだ。自分の「**敵**」あるいは「**誘惑する者**」が現れると、私はいつも思考を毒されっぱなしだった。

人間そのものが、彼らとの争いが葛藤の直接の原因になるのではない。目の前にいるのは「血肉」だが、真の敵は「支配」と「暗闇の力」なのだ（エフェソの信徒への手紙6章12節「わたしたちの戦いは、血肉を相手にするものではなく、支配と権威、暗闇の世界の支配者、天にいる悪の諸霊を相手にするものなのです。」）。父なる神が私を怖がらせたり不安にさせたりしていたのではない。主が私の心に絶望感を植えつけたのでもない。害になる思考はもっと別のところから入って来るのだ。

私は「**敵**」と食卓を共にしていたのだ。着席を許可していたのは自分自身だった。友人から送られた、あのメッセージをきっかけに、私は自分の食卓を取り戻すことを決心した。招かれざる客には去ってもらわねば。

その後数日、私はあの一行の返信に集中した。ネガティブな考えがやってくると、心の中で自分にこう言い聞かせた。「**敵**」を食卓に着かせるな。そんな思考を受け入れてはいけない。これは、信頼できる良い羊飼いである**主**とは違うところからやってくる考えなんだ。あっちへ行け。

「敵」が食卓に着いていた。
それを許したのは自分だ。
奴らに耳を貸してしまっていた。

それからすぐ、詩編23編と真面目に向き合うことにした。この世の波風の中を泳いでいく、神に拠り頼む人々を長きにわたり慰め、安心させてきた聖書の一節だ。今、私は全く新しい視点でその箇所を読んでいる。「あなたは**敵**の見ている前で わたしのために食事(食卓)を整え……」(5節)。

主《しゅ》が向かいに座っている食卓に私は着いている。死の陰の谷からここまで導かれてきたのだから、何も心配することなんてない。「燃えさかる試練」がまだ全て終わっていなかったとしても。私の席が用意されていることが「敵」の不在を意味しているわけではなく、むしろ食卓の周りをうろついているようなイメージだ。私の頭の中はそのイメージでいっぱいになった。

自己弁護なんてしなくてもよかった。自分で汚名をそそぐ必要はなかった。起きている問題をコントロールしようとしたり、余計に働いたりする必要もなかった。食卓を整えてくれた主に心を向けていればよかったのだ。

まずは主を信頼することだ。主は私を緑の牧場に休ませ、憩いのみぎわに伴い、魂を生き返らせる。御名において私を義の道へと導く。途中、「死の陰の谷」や困難な道もある。しかしそれでも主は共におられ、危険な夜を切り抜けるのを助け、敵の見ている前で私のために食卓を整え、頭に香油を注ぐ。そして私の杯はあふれる。主《しゅ》が約束してくれた良きもの、慈しみ、そして愛が私の日々の歩みに伴うようになる。

進むべき道は定められている。もう恐れることはない。食卓にいる主が取り計らってくれる。私はこれからずっと主の家に住まうのだ。

それから何日も私は詩編23編の真実と向き合い、魂に刻むような思いで深く掘り下げていった。ペテロの手紙一　5章8節（身を慎み、目を覚ましていなさい。あなたがたの敵である悪魔が、吼えたける獅子のように、だれかを食い尽くそうと探し回っています。）を読めば、「悪魔」——つまり「誘惑する者」——は誰かの人生を獲物として探し回っていることがわかる。奴らが私のいる食卓の周りをうろつくのを止めることはたぶんできない。でもイエスの名においてなら、席に着くのを許すかどうか選択することはできる。

聖書の言葉は私の考え方を一変させ、心の状態や心の平和に大きなインパクトを与えた。Don't give the Enemy a seat at your table.(敵を食卓に着かせるな)。この九つの単語から成るメッセージはすぐに、単なる「役に立つ名言」の枠を超え、私を自由にするツールとなったのだ。

高まる機運

数週間後のある日、私はプロスポーツチームのコーチらを相手に朝の聖書勉強会を開いていた。当時チームは成績不振に陥っていて、参加者たちは意気消沈していた。チームに対する不満があちこちで渦巻いていたのだ。内輪でおそらく相互不信や対立などが起きていることは想像に難くなかった。顔ににじみ出ている心労や挫折感で、私にもおよそ察しがついた。彼らも、私が友人にメッセージを送った晩の時のような状態でいたのだ。

勉強会で話している途中、ふとインスピレーションを感じた。あの詩編23編を、敵のいる場で主が食卓を整えているというくだりについて私が学んでいることをこの場で語るよう、聖霊に促されているような気がした。そこで私はあの長ったらしい「ひどい目にあってるのは俺なんだから、味方してよ」のメッセージと、それに対する友人からの返信について説明した。

私がDon't give the Enemy a seat at your table.（敵を食卓に着かせるな）を声に出して読んでみると、その場の空気が一変した。コーチらの多くがさっと表情を変えた。後で聞いた話だが、この一行は彼らの胸にも「刺さった」らしい。

その日は自分の教会に戻った。全メンバーでのミーティングが予定されていたのだ。アトランタに着くや電話をかけ、席に菓子や水飲み用のコップを用意しておくよう頼んだ。ミーティングでは、朝、コーチらに話した詩編23編の内容を、食べ物が並んでいる食卓などがイメージできるような感じで詳しく伝えた。

すると、ここでも大当たりだった。反響がありすぎてこの話ばかりになり、次の日曜に持ち越すことになったくらいだ。食べ物が少しグレードアップして、この集まり自体もちょっと気合の入ったものになっていた。果物やらチーズ盛り合わせやら、コールド・カット（訳注：スライスされた調理済み肉）にパン。それにデザートもある。

バーン！　また出た。あの九つの単語からなる……深く、そして影響力のあるメッセージ。三歳児の母で離婚係争中の女性が、これぞまさに聞きたかった言葉だと言った。死にたいと悩んでいた大学生も全く同じ返答をした。悪戦苦闘していたのは自分だけでなかったのは確かだ。この言葉は私だけに向けられたものではない。多くの人と分かち合うべきものなのだ。

やがて私はプレゼンターとして世界中にこの話を発信するようになった。聴き手との双方向のやりとりは新鮮な体験だった。講演ではまずステージ上であのメッセージについて語り、ほどなく観客席に実際に置かれた（リアルの）食卓のほうへ降りていく。客席の人たちに食べ物を渡したり、クロワッサンやブラウニーを勧めたり、料理をのせたトレーを近くの席の人にもまわしてもらったりする。おいしそうなデザートが登場すると客席から歓声が上がる。

でも肝心なのは、このような一歩間違えるとショーっぽくなってしまう演出なのではない。圧倒的なインパクトがあるのは、神が私たち一人ひとりを食卓に招いてくれているということだ。しかも、**一緒に**。あの九つの単語から成る言葉は忘れがたいばかりか、強力なものだ。その力は証明されている。私たちを自由にし、すぐに応用が可能なものだ。

これは死の陰の谷を歩む私たちを見守り、共にいてくれる「**良い羊飼い**」の話だ。主《しゅ》が整えてくれている食卓の話だ。そこに置かれているのは、困難の中で私たちが得られる滋養と活力の源だ。あのメッセージが気づかせてくれたのは、頭の中の思考が暴走するのをほったらかしにしておいちゃダメだってことだ。あれは勝利のメッセージなのだ。

自分の食卓を取り戻す

これが、本書を書こうと思った背景だ。皆さんにわかってほしいことがある。自分の食卓に「**誰を座らせる**」のか、つまり自分の考え方に影響を与えるのを「**誰に許す**」のか、その決定権はあなた自身が握っているってこと。その力はイエス・キリストを通じて得られる。思考と感情をコントロールできるようになる。恐れや絶望感、激しい怒りで八方塞がりになることはない。ストレスまみれでいることもなくなる。ためにならない思考と格闘する必要はもうないのだ。あなたが招かれているのは、全能の神との親密な関係だ。主が用意してくれているのは穏やかで、清らかで、豊かな場所だ。そこに「**敵**」を座らせることはない。

つまりこういうことだ。友人から返信があったときから、神は私がこの本にたどり着くまでの一連の出来事を動かしていた。でも、この先のページであなたを待っているものは、友人から送られたあの言葉よりもっとすごいことにつながっている。この本に出てくる**約束**はみことばに根ざしている。聖書の言葉は生きていて、力がある。私たちを何年も閉じ込めてきた場所を打ち破るほどの力があるのだ。これで再び自分でちゃんと考えることができる。みことばにより、全く新しい視界が開けてくるだろう。

今から一緒に、**詩編23編**を新しい視点から見ていこう。特にスポットライトをあてるのは5節だ。「あなたは**敵**の見ている前で　わたしのために**食事**（食卓）を整え……」の箇所だ。「**敵**」は、本来なら主とあなただけの食卓に紛れ込んできて、あなたに嘘を吹き込むのだ。これから

「**敵**」の嘘に打ち勝ち、いかなる困難な事情や状況をも克服し、心に安らぎと落ち着きを取り戻すにはどうしたらよいかを示していこう。イエスにあって揺るがず、思考や恐れを自分でコントロールできるようになるための――実際に役に立ち、勇気づけられるような方法だ。

「**敵**」の望みは、あなたを完全に打ち負かすこと以外にない。あなたにとって価値あるものすべてを奪い、人生で大切なものを台なしにする。そして、しまいにはあなたを破滅させたいのだ。心の中のたたかいで「**敵**」に勝利を譲ることは、人生を明け渡すことなのだ。

詩編23編には「あなた（主）は私の前に食卓を整え……」と書いてある。そこには**主とあなた**の席しかなく、「**敵**」の席はない。本書では、様々な困難に応用できる包括的な対処法を紹介する。「死の陰の谷」にいる中で励ましや希望、力を得られるようになるはずだ。恐れ、怒り、欲望、自信喪失、不安、絶望、誘惑、そして挫折。もうこれらに悩まされなくてもいいのだ。

あなたと共に、私もたたかっている。同じことを私自身にも、何度も何度も言い聞かせている。良い羊飼いは、心の中の敵とのたたかいを勝利に導いてくれるのだ。それは神が讃えられることでもあると私は確信している。さあ、共に行こう。あなたと私で。「**敵**」に奪われたものを取り返す時が来た。ページをめくって、**主の食卓とは何なのか**、詳しく見ていこう。

第2章　詩編23編を読み直す

私たち夫婦のよき友人であるジェイ・ウルフとキャサリン夫妻は、共にサムフォード大学の一年生の時に出会い、たちまち恋に落ちた。ジェイは法学の道を進んでいた。キャサリンのほうは賢く美しく自信に満ちていて、これぞまさにミス・サムフォード大学、といった存在だった。

二〇〇四年に卒業すると二人は結婚し、病める時も健やかなる時も愛し合うことを誓った。そしてすぐにアトランタからカリフォルニアのマリブへ引っ越した。ジェイは新天地でペパーダイン大学の法学部に入学し、キャサリンは女優とモデルとしてのキャリアを積むことにした。それから数年、あらゆることがうまくいっていた。二〇〇七年には第一子の男児を授かった。すべてが順調だったのだ。

ある日の午後のことだった。出産後半年が経過したころ、キャサリンはめまいと胃の不調を感じた。手や腕、脚も麻痺し始める。リビングまで歩き、テレビを消す。足はふらついている。はじめは持ちこたえたが、しまいには床に崩れ落ちてしまう。ジェイは、帰宅するや救急車を呼んだ。キャサリンは大急ぎで病院へ運び込まれたが、重度の脳幹卒中《のうかんそっちゅう》と診断された。小脳の半分以上を摘出しないと命が危ない状態で、摘出手術は十六時間にも及んだ。このときキャサリンは二六歳だった。

この突如やってきた試練を、キャサリンは奇跡的に生き延びた。しかしこれはウルフ夫妻の「ニューノーマル」の始まりに過ぎなかった。それから二か月キャサリンの意識は戻らず、四〇日ものあいだ集中治療室から出られなかった。発話も食事も一から練習し直さなければならず、再び歩けるようになるまでは十八か月を要した。リハビリに何年もかかり、回復までにさらに十回も手術を受けた。キャサリンの身体が完全に元通りになる兆しは全く見えなかった。

現在もキャサリンは制限を受けながら——長期に渡り——生活している。聴覚や視覚、嚥下《えんげ》にそれぞれ障がいが残り、顔面の一部は麻痺している。発音も不明瞭だ。動き回るときはほとんどの場合車椅子を利用する。にもかかわらず、キャサリンもジェイも、驚くほどの信仰心に満ちあふれているのだ。苦しみは決して無駄にはならない、という信念が根っこにあるからなのだ。二人は神の国のための重要な戦力となった。著書や講演を通じて、全国各地の苦しんでい

る人々に大きな希望を与えている。(1)

ウルフ夫妻ほどの経験をしたことがある人はほとんどいないだろう。だが、誰の人生も完璧にはほど遠い。あなたのいる食卓に「**敵**」を座らせないためには、不都合な真実をまず受け入れることから始めなくちゃいけない。それは、生きていくのは大変だ、ってこと。それでもイエスは、いいからとにかくわたしについてきなさいと手招きしているのだ。

どんな時でも信じる

聖書には、苦しい状況に追い込まれる人物がこれでもか、というくらい登場する。信仰を投げだしたくなるほどの困難だ。神に背を向け、痛みを紛らわそうと束の間の快楽に逃げていてもおかしくない。実際は残念ながら、状況が悪くなるとそのようになってしまう人が本当にたくさんいる。

「**敵**」を招く誘惑にかられるのは、たいていいつも人生で壁にぶつかっている時だ。しかしイエスは、たとえつらいときでもわたしについてきなさいと呼びかける。これを知れば、心の中のたたかいに勝つための土台となる真実に気づくようになる。

聖書の至る所で、そのような信仰の奥深さを見つけることができる。(バビロン王)ネブカドネツァルの時代、三人のユダヤ人の若者、シャデラク、メシャク、アベデ・ネゴがいた。王は自身をかたどった巨大な金の像を拝むようすべての民に命じていた。三人は自分らの信じる神に忠実に生きると心に決めていた。楽器の演奏（黄金の像にひれ伏し拝む合図）が始まってもシャデラク、メシャク、アベデ・ネゴは立ったままでいた。王に従わなかった三人は縛り上げられ、燃えさかる火の中に投げ込まれた。神は一体どうしたものか？　あんまりではないか。何も悪いことをしていないのに。このような高潔さは報われるべきではないのか？　神は、信じない者ではなく信じる者の味方ではなかったのか？

シャデラク、メシャク、アベデ・ネゴの信仰心がしぼむことはなかった。むしろ増した。火の燃える炉を目の前にしても、彼らは王に言ったのだ。「私たちが仕える神は、火の燃える炉から私たちを救い出すことができます。王よ、あなたの手からでも救い出します。しかし、たとえそうでなくても、王よ、ご承知ください。私たちはあなたの神々には仕えず、あなたが建てた金の像を拝むこともしません」（ダニエル書3章17〜18節）。救い出されようが出されまいが、いかなる結末となろうとも、三人の信仰は揺らがなかったのだ。

パウロとシラスを見てみよう。二人は投獄されていた。何をしたって？　奴隷の女性を悪霊から解放しただけだ。正しいことをした。それなのにピリピの人々は怒り狂った群衆となってパウロとシラスを役人のもとへ引きずり出す。二人は何度もむちで打たれた末に牢にぶち込まれる。パウロもシラスも神に忠実であろうとした。福音を広めようとして、こんなことに？　信仰を捨てたり、泣いて文句を言ったり、苦しみから逃げるため一時の快楽に浸ったりしていたほうが誰にも責められずに済んだだろう。でも、そうしなかった。ある真夜中のことだった。二人の足には木の足枷《あしかせ》がはめられていて、背中は血が出てヒリヒリする。パウロとシラスは賛美の歌をうたっていた（使徒の働き16章16〜40節）。逆境の中で信仰心は高まっていたのだ。

パウロにシラス、そしてシャデラク、メシャク、アベデ・ネゴ、さらに聖書の他の登場人物たちもみな厳しい試練に遭遇するが、それでもなお信仰心が増す。驚くばかりだ。預言者ハバククの叫びはこうだった‥

いちじくの木は花を咲かせず、
ぶどうの木には実りがなく、
オリーブの木も実がなく、
畑は食物を生み出さない。
羊は囲いから絶え、

牛は牛舎にいなくなる。
しかし、私は主にあって喜び踊り、
わが救いの神にあって楽しもう。（ハバクク書3章17〜18節）

最後の二行が信仰の大きさを物語っている。ハバククの祈りの中でたびたび繰り返されている言い回しがあるのに気づいただろうか？

……せず、……なく、……ない。しかし、私は……

つまりハバククはこう言いたかった。「花を咲かせず実りがなくても、作物ができなくても、畜舎に牛がいなくても、それでも私は喜ぶ。神が救い主でいてくれるからだ。信仰を失うどころか、むしろ強めている。それでもなお私は主にあって喜びを感じ、主を賛美する。悪い考え方や行動で道を外さない。困難の時こそ信仰は深まる」ということだ。

この二つの節は重要な因果関係にあり、私たちが見習うべき手本なのだ。たとえ嫌な目にあっても、私は神を讃える。たとえ悪いことが起きても、心が「敵」の手に落ちることはない。

これがまさに、私がウルフ夫妻の中に見た信仰心だった。この章を執筆したとき、夫妻は新たな検査が必要だと医師から伝えられていた。これまでの検査では神経の異常が見落とされていた可能性があるというのだ。一連の検査の結果次第では、二人はさらなる逆風に直面するかもしれない。検査の前、ウルフ夫妻は私とシェリーに祈ってほしいと言った。私たちが祈ると、こんどはキャサリンが、私とシェリーがそのとき経験していた嵐の中での舵取りに対して祈ってくれた。キャサリンはハバクク書の3章17〜18節を引用した。一緒に「アーメン」と言うと、私は、まさにこの聖書箇所を本に書こうとしていたところだよ、と伝えた。

キャサリンは「わたし、この章の最後の節『私の主、**神**は、私の力。私の足を雌鹿《めじか》のようにし、私に高い所を歩ませる』(19節)が大好きなの。歩行練習のとき、この言葉にしがみついていたわ」。二〇〇九年、好ましくない診断結果を医師から受けた際、キャサリンはこの聖書箇所を自分の状況に合わせて替え歌のようにしてみたという：

わたしは歩けなくて、
車椅子なしには動けない。
顔の半分は麻痺していて、
微笑むことすらできない。
大きな障がいを負っていて、
自分の子どもの世話もできない。
しかし、わたしは主にあって喜び、

わが救いの神にあって楽しもう。

このような信仰は、クリスチャンが幸せな時にだけ神を信じるという話でもなければ、厳しい状況でくじけてしまうというものでもない。重圧がのしかかっている時でさえ高まる信仰なのだ。よくないことが起きている時でさえも、私は主をたたえる。そんな信仰だ。ハバククの祈りをあなたも自分に当てはめてみるとしたら、どうなるだろうか？

たとえ懐事情が最悪でも……
たとえ配偶者が今は他の人と一緒でも……
たとえグローバル危機の中でも……
たとえ……
しかし、私は主にあって喜び、
わが救いの神にあって楽しもう！

「たとえ……でも信じる」心を育てていくと、人生の空気も流れも変わってくる。増してくる重圧でしぼむことはなく、逆に強く大きくなる。固い決心が揺らぐことはなく、さらに頑丈になる。

逆境の中で神を信じる。それは、自分の意識をどこに向けるのか、ということだ。そのような信仰はイエスの名において保つことができる。自分の食卓に「**敵**」を座らせないための必須条件だ。そこで思考の土台にすべきなのが、有名な割には実際に活用されることの少ない、聖書の中の、あの約束だ。

古《いにしえ》の詩から新たな力を得る

聖句の中で一番よく知られているものは何かと聞かれたら、あなたはきっとヨハネの福音書3章16節と答えるだろう。アメフトやバスケの試合で選手や観客が掲げているのを見たことがあるかもしれない。でも私は詩編23編のほうが有名かもしれないと思っている。その中の一節を結婚式や葬儀で聞いたことがあるはずだ。教会で語られたり、芸術作品になったり、さらにネットミーム（訳注：インターネット上のWebサイトや掲示板、TikTokやTwitter, Instagram, YouTubeなどを通して拡散する、言葉・画像・動画などのこと。）にもなってSNS上で拡散されたりしている。ペイルライダー（訳注：80年代の西部劇）やタイタニックなどの映画の中でもその断片を見ることができる。バッハやシューベルトといったクラシック曲、数えきれないほどの聖歌や讃美歌の歌詞、クーリオ（訳注：米ラッパー）のGangsta's Paradiseの歌詞にさえも登場する。

詩編23編は一種のカルチャーのようになっているが、あなたの通っている教会が私の教会と似たようなところだったら、ここですっきりさせておきたいことがある。詩編23編の話となると、何も考えずにあの有名な箇所が出てきてしまうからだ。

主は私の羊飼い。私は乏しいことがありません……ああ、それね。緑の牧場。いこいのみぎわ。死の陰の谷。むちと杖。食卓。頭に香油。もちろん何のことかわかってるよ。

この箇所について、いかにも教会の説教で聞いたような考え方は忘れてもらわないといけない。私たちの身近なこと、経験していることに大きく関わるからだ。いま、ここで。神の力を借りて、昔に見た羊飼いの絵柄などから得たイメージを捨てよう。そうすると、この一節にはびっくりするほど強力な、私たちへの約束が込められている、ということが見えてくる。

ここで描かれているのは羊飼いとしての神だ。羊である私たちに思いやりをもって接してくれて、なおかつ攻撃から守ってくれる強さも兼ね備えた羊飼いだ。あなたが無事で、足りているか気遣っている。それでいて、安全と幸せを脅かすような奴らは撃退してくれる。時が経ち明らかになったのは、その羊飼いはイエス・キリストに他ならないということだ。

ヨハネの福音書10章1〜21節で、イエスは自身のことをまさに「良い羊飼い」であると語る。

そしてイエスは自分の羊、つまり私たちのことを知っている。盗人や強盗から守ってくれる。羊のために命を捨てる。羊を導き、羊もイエスの声を聞き分ける。詩編23編に出てくる「良い羊飼い」がイエスという人間となってヨハネ10章に登場するのだ。詩編23編の羊飼いである神の描写はそのままイエスに当てはまる。なぜそう言えるのか？　ヘブル人への手紙13章8節に「イエス・キリストは、**昨日も今日も**、とこしえに変わることがありません」とはっきりと書かれている。私たちは、とてつもないことに招かれているのだ。イエスは、あなたの良い羊飼いになりたいと言っている。人格を持っていて人間と関わることを望む神が、私たちの人生を導きたいなんて。この現実を噛みしめてみてほしい。「良い羊飼い」がなんと神さまで、人生でいつも、ずっと一緒にいてくれるなんて！

ここで大切なのは、イエスが**羊飼い**だってことを受け入れることだ。でも、気づいているかどうかは別として、誰しも何かの後をついていきたがるものだ。それがイエスじゃないという人がいるというだけのことだ。皆、何かに導かれている。ペテロの手紙第二2章19節には「**人は自分を打ち負かした人の奴隷となるのです**」とある。それは文化だったり、ポピュラー音楽だったり、SNSで話題のものだったり、何でもいいからとにかく何かについていってしまう。

こんな声が聞こえてきそうだ。「いや違うって。そんな人いない。誰にもついていってなんかいないよ。マイルールがあるんだから。自分で決めてるよ」……そりゃすごい。君の羊飼いは、君自身だ。自分で自分を導いているわけだ。自分で青草の原や憩いの水のほとりまで行けるわけだ。でも残念ながら、自分だけで何とかやっていこうとすると、詩編23編はこんな有様になってしまう：

私は私の羊飼い。
だからメチャクチャ。
必要なものは全部そろってない。それだけは確か。
憩いの水のほとりが目の前にあっても、たぶん気づかない。
青草の原で休むこともできてないし。
義の道は歩いてないけど、怖いものと悪いものはわかる。
慰めがそこらへんにあるなら手を伸ばす。
敵には我慢できない。あいつらを叩きたい。
杯はあふれそう……不安で。それに憤り、悲しみ、
　激しい怒りで自分自身を擦り減らしてる。
いっぱいいっぱいで、今にもあふれそう。もう限界。爆発寸前。
私の人生、この先どうなっちゃうんだろう。でも一つだけわかってることがある。

私のたましい？　もうダメかも。

いっぽう、イエスについていくと決めたら、イエスが私たちを満たし、このストレスのたまる社会で羅針盤となってくれる。導き、見守り、そして休ませてくれる。心の中の**敵**にどう対処していいかも示してくれる。あなたが内側から「**敵**」に引き裂かれることがないように。イエスは希望や未来を与え、魂を本来あるべき姿に戻してくれる。よいものをくれて、私たちが今日、明日、そしてこの先ずっと毎日を大切に思えるようにしてくれる。そのうえ、私たちがイエスと共に「楽園」にいられるよう、永遠の命さえも与えてくれる。これら全て、詩編23編で約束されている。もし、まだイエスに人生を導いてもらっていなかったら、すぐにでも始めよう。主についていくことに決めれば、「乏しいこと」なんてなくなり、より良い人生を送れるようになるのだ。

でも、その前に…イエスに導いてもらうということは、主にただ良いことをしてもらうとか、ただ助けてもらうとかだけではない。詩編23編には、「良い羊飼い」に導いてもらう際にまず私たちのほうからやらなくちゃいけないことがある、と書いてある。

導かれるほうがいい

えーそんなのイヤだ。また聞こえてきたぞ。これ以上読むの、やめようかな。まだ第二章の途中だけど、もうイエスさまは課題を出そうっていうの？

ちょっと待った。これから説明する「指令」はイエスに面倒を見てもらう上で基本的なことだ。イエスはあなたを愛しているからこそ、自分勝手にやってもらっては（あるいは決めてもらっては）困るような大切なことを明確にしておきたいのだ。でも、きっと気に入るはずだ——だってイエスは私たちを「緑の牧場に伏させ」てくれるのだから。

もちろんゴツゴツの岩の上に横になるのでもかまわない。あなた次第だ。暑くて埃《ほこり》まみれのところだってある。でもイエスはこう言っている。緑の牧場で休みなさい。休息を取りなさい。何でもかんでも自分でコントロールしようとしなくていいから。せわしない人生の途中で立ち止まり、「良い羊飼い」はわたしのことだと認めなさい。あなたのことを心の底から想っているのはわたしなのだから。さあ、この牧場にいるあいだ青草を食べなさい。魂のための栄養をわたしが与えるから。それはわたしのすることだ。あなたを愛しているし、面倒も見ているよ。わたしがあれこれ指示するのは、あなたを思いやっているからなんだよ。

つまり、神が私たちのことを羊にたとえるのは、お世辞とは言い難いかもしれないが、人間とは元来そういうものだからなのだ。羊は、導いてくれる存在を必要としている。神は、人間のことを抱きしめたくなるほどかわいいなんて言っているわけではなく、私たちがあまりにもたやすく欺かれてしまうことを伝えている。持っていて然るべき判断力に欠けている。必要なときに休むことすらしない。何が自分にとって幸せなのか毎回正しく判断することもできない。

ところで、「良い羊飼い」が連れていく水辺がなぜ「憩いの」となっているのだろうか？　それは、羊が自分の状態をわかっていないことに関係がある。急流の川を見れば、羊はそこが渇きを癒すのによい場所だと思ってしまう。セーター五着分に値するウールで覆われていることなんかどうでもいい。水を見たら大はしゃぎ、元気よく水の中に頭をつっこんでしまった。ごうごう流れる川の水へ。七キロ分の毛はびしょ濡れだ。どぼん！　勢いよく流れる川に流される。急流に飲み込まれる。ふり返って羊飼いに助けを求める……メエエエエ！

そこへ幸い、「良い羊飼い」が羊飼いの杖を持ってやってくる。長くて、先がフック状になっている丈夫な杖だ。私たちが、最初はよさげに見えても最終的には破滅を招くようなものへ向かい始めると、イエスが引っ張って安全なほうへ戻してくれる。もちろん、イエスを羊飼いにしていたならば、の話だ。神はイエスについていくよう強制なんかしない。危ない川の水に鼻先をつけた段階でイエスが素早く助け出してくれる時もあるだろう。杖をはねのけて川に飛び込んでしまうこともあるかもしれない。急流の中、水で重くなり自分ではどうすることもできなくなり、自分で愚かな選択をしたせいで身動きがとれなくなってしまう。羊飼いをずっとないがしろにしてきたせいで、どんどん悪い方へと流されていく。どんどん遠くへ。

私は、自分には羊飼いが必要だとわかっている。クリスチャン歴は長いが、今もなお、人生をいつも神に導いてもらう必要があると切実に感じている。一見よさそうな物事にすぐに首をつっこむようなことはしないが、かといって毎回賢い選択ができるほど、自分で思っているほど人生の達人でもない。もともとは緑の牧場でのんびりできる性分ではないので、このイエスの「指令」はありがたい。「良い羊飼い」に側《そば》にいてほしいし、こんな風に語りかけてくれるなら声も聴いていたい。ダメだよルイ、そこで水を飲んじゃ。喉の渇きを癒すのに、ナイアガラの滝の端っこになんて行きませんよ。こっちに小さいけど穏やかな水辺があるから、おいで。憩いのみぎわで水を飲みなさい。そして、生きるんだ。

憩いの汀《みぎわ》まで導くのは羊飼いの基本的な役割だ。というわけでここが、私が本書で語りたいこと、つまり心の中のたたかいに勝つことにおいて非常に重要なポイントなのだ。まだ第二章なのに本題に入るのはそのためだ。要するに、「良い羊飼い」というものは……よいのだ。神の人間への愛の深さゆえ、イエスはいつも私たちの心が真に永続的に満たされるべくはたらいてくれている。その存在そのもの、みことば、みわざを通じて神の善性を垣間見ることができる。

だが特に強調していきたいのは詩編23編の中盤から後半のほうだ。これまでに述べたように、この部分は「たとえ……でも信じる」信仰へと目を向けさせるものだからだ。このような信仰心を育むことで、これからの人生は変わっていくだろう。詩編23編4節は「たとえ死の陰の谷を歩むとしても　私はわざわいを恐れません」で、この後に続く節の土台となっている。

気づいただろうか？　この有名な一節に「たとえ……でも信じる」を当てはめることができる。「良い羊飼い」は羊たちと一緒に「死の陰の谷」を歩む。これは実はすごいことなのだ。本当に大変な時に神がずっと共にいてくれる。愛する人が病気のときも、大切な人と死別したときも神は共にいる。心が打ち砕かれているとき、ずっと願っていた何かよいことが叶わなかったときも近くにいる。恋人や配偶者との破局や、諦めた夢とか、いろいろあるかもしれない。資格や試験に挑戦したけど、うまくいかなかったかもしれない。ある仕事を得ようとがんばったのに、採用されなかったかもしれない。自分に気があると確信していたのに、実はその人は自分のことを「ただの友だち」としか思っていなかったかもしれない。配偶者とのあいだに子どもが欲しかったけど叶わなかったかもしれない。

「死の陰の谷」で、私たちはあらゆる種類の喪失を経験する。人生に喪失はつきものだ。深い悲しみ、失望、落胆は誰もが通る道だ。だからこそ、ダビデ王が「たとえ」大きな逆境の中にあっても「わざわいを恐れません」とうたったことが重要になるのだ。「良い羊飼い」はダビデ王を導き、安心させていた。ハバククの祈りでそうしたように、私たちもこの詩篇の一節を自分たちに当てはめてみよう。

「恐れません」なんて心から言えるだろうか？　その答えは4節の二番目の部分に示されている。全ての問題を自分で解決しようとするのでも、避けようとするのでもない。それでも災いをも恐れることはない。私たちには「良い羊飼い」がついているからだ。羊飼いの杖とむちが私たちの慰めだ。はやる気持ちを抑えて、この真実をゆっくり見ていこう。慎重に。

全能の神が私たちと共にいる。

今どんなに大変な状況にいるとしても神が助けてくれる、ということだけが「よい知らせ」なのではない。それだけではないのだ。重要なのは、神はあなたと共にいるということなのだ。あなたが病気のときも。大切だった人のお墓の前にいるときも。採用試験に落ちてしまったときも。悲しい知らせがあったときも。病院でつらい治療を受けているときも。神は、嵐の中、風の中、試練の中、そして「谷」の中でも、いつもあなたと一緒にいる。全能の神である「良い羊飼い」は困難の真っただ中で、あなたと共にいるのだ。これは私たちの考え方を根底から一変させるほどの啓示だ。生活の中での祈りの内容も変わってくる。「神さま、いま大変だから助けてください」なんてお願いする必要はもうなくなる。その代わり、こう祈ればよい。「神さま、いま大変です。こんなときも共にいてくれて、見守ってくれて感謝します。どうやってこの状況を一緒に乗り越えていけるでしょうか？」

全能の神である「良い羊飼い」が、
困難の真っただ中で、
あなたと共にいる。

試練に打ち勝って安らぎと自由を得るには、何もせずただ嫌なことやつらいことが起きませんようにと願っていてもダメなのだ。誰しも何とかして、あるいは何らかのかたちで「死の陰の谷」を通らなきゃいけないのが現実だ。平和、勝利そして自由は、私たちが困難や痛み、喪失を経験している最中にやってくるのだと、イエスは詩編23編の中で約束している。そんなときにこそ「たとえ……でも信じる」心が育っていく。この壊れた世界で、全能の神が共にいてくれると知っているからこそ、私たちは生きていける。

たたかいの中の食卓

聖書全編の中でも詩編23編5節は最も力あふれる箇所の一つなので、これからさらに話の輪を広げて論じていく。本書の多くの部分はここに重点を置いているので、この時点で詩篇が明らかにしている真実を読者の皆さんにまず伝えておきたい。この節には美しいひねりが込められている。あなたは敵の見ている前で わたしのために食事（食卓）を整え……の部分を思い出してみてほしい。

もし私が詩篇作者だったら、違う話にしていたと思う。神が私のために食卓を用意してくれているなんて、なんというか、すごいことだ。でも私のための食卓なら、神がいてくれるのはいいが、敵にはいてほしくない。ちょっといいですか、神さま。こんなことを書かなきゃいけないくらいなら、お願いしますよ。窓際の席で私たちが食事を楽しんでいるあいだ、敵を蹴散らしてくれるんですよね。私はそれを見ているだけでいいんですよね！　奴らを追い出してくださいね。食事中に、ましてやデザートを楽しんでいるときに、敵に周りをうろついてほしくないですから。

しかし詩編23編5節は、そういう話ではないのだ。神の食卓は、敵地のど真ん中に置かれている。食卓の上にあるのは豊かさを極めたごちそうで、すべて私たちにとってよいものだ。ところが、それでもその食卓は楽ちんな場所にあるのではない。カトラリー（訳注：食卓用のナイフ・フォーク・スプーンなどの総称）もちゃんと並べられていて、神のほうはいつでも私たちを招いて一緒に食事を始められる。でも、こっちは家族がバラバラになっていたり、仕事のストレスが溜《た》まっていたり、恋人や配偶者ともろに険悪な状態だったりする。つらい出来事や言い争いの最中だったり、誤解や理不尽な攻撃をされていたり、うつ状態だったり、あるいは誰かの死だったりするかもしれない。何とたたかっているにせよ、それが内面的なものか対外的なものかを問わず、食卓はとにかく困難の中に、たたかいの中心地にあるのだ。

さて、どんな食卓か、イメージが湧いてきただろうか？

聖書は「食卓」という言葉でもって神が与える救いと安らぎ、神の存在を比喩的に表現することがある。もしあなたがユダヤ人なら、食卓に招かれることの重要性にはすぐに気づくと思う。「主の食卓」なら、なおさらのことだ。イエスが受肉し、人として、救い主として世に知られるようになる以前の昔、神の存在は様々なもので表現されていた。雲、火、宮に充満する煙。神の民の物語が進むにつれ、神は人々に幕屋を建てるよう指示した。幕屋は人間という罪深い存在が神と向き合える場所だった。そこに設置されるべきものの一つに「机」（訳注：聖書内において英語のtableは日本語では「机」と訳されている場合と「食卓」と訳されている場合がある。ここでは次の聖書箇所の引用にそろえて「机」とする）があった。神の臨在を示すため、パンが机の上に置かれた。出エジプト記25章30節には「机の上には臨在のパンを置き、絶えずわたしの前にあるようにする」とある。

そしていまも同じ神聖なる神が私たちを食事の席に招いている。その大きな代価がイエスだ。罪の贖《あがな》いは、反抗的だった人間が神と交わりを持つこと、つまり神から差し出されたごちそうを頂くことで達成される。イザヤ書25章6節には「万軍の主は……万民のために……宴会を開かれる」と書いてある。またルカの福音書13章29節には「人々が……来て、神の国で食卓に着きます」と書いてある。

誰でも神の救済に招かれている。だが詩編23編5節にあるように、食卓は交わりのためのものだ。あなたと「良い羊飼い」だけのものだ。心配はいらない。文字通り一名様限定、という意味ではなく、「良い羊飼い」に導かれているという条件さえ満たしていれば誰でもＯＫという意味だ。「**敵**」は招かれていないし、席もない。もしあなたがキリストについて行っているなら、神はあなたに食卓を用意してくれている。

さて、ではこんな具合で「食卓」をイメージしてみよう。まず対面で二つの席がある。片方に「良い羊飼い」、もう片方にはあなたがそれぞれ立っている。二人が着席する前に、まずあなたは目の前に並んでいるごちそうをうっとり眺める。細かい部分の想像は、それぞれお好きなように。何度も言うけど、これは神の食卓だ。でも神はあなたのことを考慮してくれている。食卓の上には、食べたくなるようなものがいろいろある。よい食べ物。健康的な食べ物。ボリューム満点の食事。もう有り余るくらい。でもこれは大食い大会じゃないから、全部食べる必要はない。ここでふるまわれているのは、あなたの魂の飢え渇きを満たす、真のごちそうなのだ。満腹になるだけでなく、同時に自由にもなれる。

一番近くにあるのは新鮮な果物かも。それに前菜。摘みたての苺。種なしメロン。熟したぶどうに、シャキシャキのりんご。

サラダもある。パリパリのローメインレタスには特上のオリーブオイルに細かくすりおろしたパルメザンチーズ、コーシャーソルト（訳注：ユダヤ教徒が料理を清めるために使用する塩）、挽きたての黒コショウがかかっている。さらに、しっかりしたパンで作った歯ごたえのあるクルトン。シーザーサラダは苦手？　では新鮮なトマトときゅうりの自家製サラダはどうだろう？　みごとな高級サラミとかもある。たまらないよい香りが漂ってきて、鼻腔をつき抜ける。別のトレーにはメイン料理が。肉食の皆さんお待ちかね、ステーキのグリルだ。琥珀色《こはくいろ》に少し焦げ目のついた表面に、中はミディアムレアで食欲をそそられる。魚料理のほうがお好みなら、釣れたばかりのカワマスでも。ベジタリアンにはオレッキエッテ（訳注：パスタの一種）のブロッコリソースがある。熱々で、美しく盛りつけられている。

デザートの話はまだだったかな？　おいしそうなニューヨーク・チーズケーキがある。温かいアップルパイの上には口溶けのよい、極上のアイスクリームが乗っかっている。レッドベルベッドケーキ（訳注：アメリカでポピュラーなデザート）に、しっとりしたブラウニー、グレーズドドーナッツにココナッツクリームパイ。

食べる気満々かな？

さあ食べるぞ、と思った瞬間、突然――あなたも主もまだ椅子の後ろに立っている状態のとき、あなたは気づく。他にも誰かいる。食卓にいるのはあなたと主《しゅ》だけだが、周りを取り囲んでいる集団がいる。あなたはそれを見やる。食卓を特異なものにしている要因に、この一群の存在がある。なぜなら、その存在はあなたの視界に入るからだ。食卓の周りにいる連中にとって、あなたがそこにいるのは都合が悪い。しかめ面《つら》であなたをにらんでいる。あなたの悪口を言い、批判し、あなたに関する嘘を言いふらす。あなたの努力を台無しにしようとする。憎悪が煮えたぎっている。裏切りを企む者さえいるかもしれない。

食卓を取り囲む集団は、人生の厄介事を象徴している。あなたが抱える問題や、ストレス要因だ。災難、重圧、不安、依存、離婚、うつ、家庭崩壊、その他ありとあらゆる苦痛。そこで思いもよらないことが起こる。天の声、神があなたに語りかけてくる。「さあ、座って」。

着席を促されたら、この時点ではもちろん応じるに決まっていると思うだろう。でも、この目まぐるしい現代での生活で、果たして自信を持ってそう言えるだろうか。「インスタ映え」する写真を撮るために椅子の前でポーズをとったり、その画像を「俺の王さまと一緒の、めっちゃヤバい食事」なんて一言を添えて即SNSに投稿したりするのが現実かもしれない。お持ち帰りのコーヒーを片手に写真を撮って、次のアポの場所へそそくさと移動する、といった日常だ。「イエスさま、ありがとう！　あなたが一番。だからあなたが大好き。でも、これ以上手に負えない。ほんとだってば！　ミーティングに行かなくちゃ。また後で。絶対だから。ほんとに」。いや、これとは違うシナリオもある。あなたと「良い羊飼い」は、共に着席しようと思えばできる。

「喉は渇いているかな？」一番新鮮な水をグラスに注ぎながら、羊飼いは話しかける。

驚いて固まってしまったあなたは、今起きていることを頭の中で整理しようとする。全世界の創造主が、この私に水を注いでくれるなんて、あり得るか？　あなたはなんとなく苺をかじる。熱々バター付きのマッシュポテトをすくう。肉汁したたるステーキに食らいつく。

「たとえ……でも信じる」信仰のイメージがこれだ。たとえ敵に囲まれていても、神は私に食卓を用意してくれた。そして私は神と共に席に着く。

神はケチではない。欠けているものなどない。その代わり惜しみなく与えてくれる。何でも見た目通りの美味しさだ。その素晴らしいごちそうを遠慮なく頂けばよいのだ。この体験はずっと、いつまでも続く。あなたの人生が続く限り。これが、全能なる神とあなたとの親密な関係の核心なのだ。神は試練を取り除くとは約束していない。現実にある問題はまだそこにあるかもしれない。でも敵がいようとも食卓をあなたのために用意することを約束している。

ここで、覚えておいてほしいことがある。美味しいごちそうに気をとられてしまうかもしれないが、一番重要なのは、「何が」あるかではない。この食卓のすごいところは食べ物ではない。問題は「誰と」食卓を共にするか、なのだ。

全能の神との食事

この先のページでは、神が食卓で差し出してくれている全てのものに私たちが気づき、受け入れたときからついてくる、人生を一変させる恩恵について話を進めていきたい。その恩恵とは、罪に対する勝利や雑念のない心、つまり呪縛から解かれて恐れをコントロールする能力など、極めて重要なものだ。大切なことだから、最初から明確にしておこう。究極的には、神が与えてくれるものが恩恵というよりは、「神そのもの」が恩恵なのだ。その力強いメッセージが本書の核心だ。神が私たちと一緒に食卓に着いている。死の陰の谷を共に歩んでいる。全能なる神と関係性を持つことに招かれている。

この本は**自己啓発本**ではない。「苦労とは無縁な人生への三ステップ」みたいなことは、私は教えてあげられない。本書の中で伝えているのは、信仰を持って、あくまで聖書に則ってイエスを新たな視点から見ることを、そして偉大な王でもあるイエスに畏敬の念をもって向き合うことの大切さだ。私たちのアイデンティティはイエスに根づいていて、定められている。人生は変化していくが、主は私たちの行く道の一歩一歩を導いている。

私たちは、いとも簡単に忘れてしまうのだ——あるいはちゃんとわかってすらいない。食卓を真に共にする相手は誰なのか、ということを。私たちは、「食卓の席に着いているのは誰か」を理解しているだろうか。ここは強調しておきたいところなので、しばし考えてみよう。テモテへの手紙第一1章17節に「世々の王、すなわち、朽ちることなく、目に見えない唯一の神」とある。

あなたが食卓を共にしているのは、その**神**だ。

使徒パウロは、神についてローマ人への手紙11章33節と36節で次のように描写している。

ああ、神の知恵と知識の富は、なんと深いことでしょう。神のさばきはなんと知り尽くしがたく、神の道はなんと極めがたいことでしょう……すべてのものが神から発し、神によって成り、神に至るのです。この神に、栄光がとこしえにありますように。アーメン。

私が食卓を共にしているのは、その**神**だ。

古き時代を生きた精神指導者のような存在のヨブは、神を世界の広大さになぞらえた。神は地を何もないところに掛け、水を雲の中に包み、満月の面をおおい、水平線を描き、天の柱は揺らぐ。そして海を鎮め、その息によって天は晴れ渡る。ヨブはこれを「神のみわざの外側」と呼んだ。ヨブ記26章14節には「私たちは神についてささやきしか聞いていない。御力を示す雷を、だれが理解できるだろうか」と記されている。

私たちが食卓を共にしているのは、その**神**だ。

真のご褒美はイエスと同じ食卓に座ることだ。詩編23編5節には驚くべき力があって、壁に飾る素敵な一句にしておくだけではもったいない。食卓を一緒に囲んでいるのは**全能の神**なのだ！

しつこかったかな。さて、食事は素晴らしい。あなたとイエス、二人きり。誰にも邪魔されない関係を共に楽しみながらごちそうを頂く。偉大なる王が前に座っている。比類なきその存在が、私たちの本当の、そして一番の恵みだ。神はあなたを愛している。だが、前にも書いたように、他の誰か――あなたの最大の「**敵**」も食卓の席を狙っている。執拗に、コソコソと。そんな奴には絶対こっちに来てほしくない。でも「**敵**」は、あなたの心の中でのたたかいに勝てばあなたを破滅させられると知っているのだ。

(1) キャサリンとジェイについて、さらに詳しい話がジェイによる著書にて語られている：Katherine and Jay Wolf, Suffer Strong (Nashville: Zondervan, 2020) および Hope Heals(Nashville: Zondervan, 2016)

第3章　ここ、座っていいですか？

手のひらに嫌な汗をかいていたのを今でも思い出す。(1)

あれはシェリーの誕生日のことだった。妻のお気に入りのレストランでの特別なディナーだった。二人っきりで。シェリーはこの夜のお出かけを心待ちにしていたので、彼女にとってスペシャルなものにすべく私は手を尽くしていたのだ。

さて、いよいよ完璧なディナーのときがやってきた。きらめく街。とびっきりのムード。最高の食事。テーブルは四人掛けだったが、私と妻の二人だけ。文句のつけようもないくらいの食事を満喫していたその最中に、一人の若い男性が店を出ようとして通りかかった。会ったこともない人だが、男性はこちらを二度見してこう言った。「ルイ・ギグリオ？」かなりびっくりした様子だった。「ですよね？　すげえ、こんなところに実物がいるとは。二か月前、ギグリオさんが講演したカンファレンスにいたんですよ、俺。人生変わりましたよ、神様のおかげで！」顔を見上げて、私はこう言った。「どうも、はじめまして。神が君にしっかり語りかけてくれたみたいで、ほんとによかった。声をかけてくれてありがとう」。

「こちらこそ会えて嬉しいです」そう言うと彼は出口のほうへ向かっていった。

シェリーと私は、二人の会話に戻り引き続きディナーを楽しんだ。数分ほど経って、さっきの若い男が再び店の中に入ってくるのが見えた。真っ直ぐこっちに向かっている様子だ。私はサングラスや鍵、財布などないかその辺をざっと見まわした。私に声をかけに来た際に何か置き忘れていったのかと思ったのだ。

「すみません、変なふうに聞こえるかもしれないけど」こちらのテーブルに来るなり彼は言った。「さっき店を出て、ルイ・ギグリオを見たよって友だちに言ったら『戻って話してきなよ』って言われたんですよね。実は、あのカンファレンスで神様に感動しちゃったこととか、ずっとギグリオさんに話してみたかったんです。そこへなんと、本人に出くわすなんて。こんなこと思ってもみなかった。ここ、座っていいですか？」まだ返事していないのに、彼の手はすでに空席の椅子を引いていた。

「ええっと、話の続き、ぜひとも聞いてみたいけど……」つい早口になる。「でもまた別の機会でいいかな？　今日は奥さんの誕生日で、今夜は特別なんだ。連絡を取り合って、また今度にしよう」。

男はシェリーのほうを見て素っ気なく「お誕生日おめでとうございます」と言った。すると私のほうに向きなおって、椅子に腰かけた。

はぁ!?

ここで何が起こったか。この時点で私はかなり困った状況に陥ったのだ。手のひらに汗をかき始める。胃がムカムカしてくる。いっそのこと、奥さんのバースデー・スペシャルディナーに、この赤の他人を入れてあげるか。三人のディナー。あるいは、この男にはちょっと失礼になるのが懸念されるものの、それをはっきり言ってしまおうか。どっちかだ。

この話のポイントは、レストランでの、あの青年（とても感じが良くて、悪気は全くない）とのやりとりの中身ではない。シェリーと私が気まずい状況から何とかして元に戻ろうとがんばったことでもない。重要なのは、誰もが皆よく知っておかなきゃいけないことだ。それは、物事は一瞬にして起こるということ。あの男が椅子を引いて私たちの食事の席に着いてしまったのは、あっという間の出来事だった。「敵」があなたの食卓に着くときも、まさにこんな感じかもしれない。よそ見をしていたら、指をぱちんと鳴らすよりも速く、主があなたのために用意してくれた食卓に勝手に座られてしまう。突然、食卓はあなたと全能なる神だけのものではなくなってしまうのだ。

今やあなたと神と「誘惑する者」がいる。

よそ見をしていたら、
指をぱちんと鳴らすよりも速く、
主があなたのために用意してくれた食卓に
「敵」が勝手に座ってしまう。

髪の毛一本ほどの裂け目さえあれば「敵」には十分だ。ちょっとした隙があればいい。疑いや不安という名のちっちゃい窓でもいい。さあ、「敵」があなたの食卓に座ったぞ。あなたの心の中のたたかいに勝つつもりでいるのだ。

自分の自由を取り戻す

私たちは、自分の食卓に「敵」が座ってしまうなんて当たり前と思ってきた。それが問題なのだ。「ああ、このご時世、そんなものだよね。生きていくのに心配ごとはつきものだから。誰だって不安になるよ。それはもう、どうすることもできないよね。今日も面倒な一日が始まる。不安で息が詰まりそう。私だけじゃないでしょ。ネットのニュースでも見るか。心配事がない人なんているの？」こんなことを言うたびに「敵」につけ入るチャンスを与えてしまう。

そんな具合に、皆それぞれの人生で嘘の物語を受け入れている。神様にとって、自分なんて大した価値はない……ついでに言うと、みんなそうでしょ。どうせ誰もわかってくれない。誰も自分のよさを認めてくれない。完全否定されている。

あるいは、真逆な方向に走る。自分はもっと評価されていいはずだと思い、他人と比較して湧いてくる妬《ねた》みや欲で、神から与えられたせっかくのアイデンティティを自分で食いつぶしてしまう。SNSで他人の「リア充アピール」を目にしては、これ欲しい、もっと欲しい、などと思いながら画面をスクロールしている。

もっと欲しい。それが必要。もっとたくさんの友だち。さらなる安心安全。「いいね」の数を増やしたい。あるいは、「食卓」もっとあったらいいかも。なんだかんだ言って、人間は堕落した世界に住んでいる。そんなこと皆わかっている。ちょっとした欲で、気晴らしの一つや二つで、なんで逆にストレスがたまるのだろう？　あなたは自分では気づいていないが、「悪魔」のように話し、「悪魔」があなたにハマってほしい思考に陥っているのだ。

そんなものでしょう、違うの？

違う！　自分の人生なのに「**敵**」に言いたいことを言わせるままにしておくのを「普通」にしておいてはいけない。何を仕掛けられてもイエスの名においてNOと言おう。受け入れる必要はない。「**敵**」はあなたを傷つけようと罪へと誘惑し、この世であなたを打ち負かそうとするが、もう奴らに居場所を与え続けるのはやめよう。ローマ人への手紙8章10〜12節には、イエスを死者の中からよみがえらせた方の御霊《みたま》が私たちの内にも住んでいる、とある。これと同じ「よみがえり」の力は私たちにもはたらくのだ。イエスが罪の呪縛《じゅばく》を打ち破ってくれたおかげで、私たちは新たな考え方、新たな生き方へと神に招かれるようになった。人間はイエスの名によって「罪に対して死んだ」とみなすべきだ。「**敵**」の声に人生をコントロールされるのは、イエスの名によって、もうやめよう。罪深い欲望にも、イエスの名によって、もう屈しなくてよい。心の中のたたかいには、勝つことができる。イエスのおかげで、私たちはもう奴隷ではなくなった。もう自由だ。私たちは皆、神の子どもだ。

つまり詩編23編4節で、前半部分（死の陰の谷を歩む）だけに気をとられているのは大問題なのだ。一歩下がって次に何が来るか（困難の中でも神がともにいるという約束）を思い出してみよう。人生における「死の陰の谷」でつらい出来事で手一杯になっているときは「**敵**」に間違った方向へ誘導されやすくなる。試練に苦労、理不尽な攻撃や孤独を経験すると、こんなふうに思うようになってしまう。いま私は先の見えない闇の中にいる。神さまを頼りにしてたのに、ダメだった。ああしてください、こうしてください、って祈ったのに、望むようなかたちでこたえてもらえなかった。だからもういいや、このままで。神さまに従順だったのに、望んだとおりご褒美をもらえなかった。だから罪でもいいからそっちへ行くよ。そっちのほうが楽だから。聞き覚えあるかな？　ほら、椅子を引く音が聞こえてきたぞ。あっという間だ。もともと食卓は二人だけのものだが、招かれざる客がやって来たぞ。

「敵」は素早く、悪賢い

　この招かれざる客は音をたてずにやってくる。そして愛想が良い。着席したことに、あなたは気づかないかもしれない。「悪魔」は、ド派手な三叉槍《さんさそう》を手に華々《はなばな》しく登場するわけではない。ガルルルル……お前の目ん玉くり抜いてやるぞ、と威嚇《いかく》するわけでもない。そんなのとは違う。最初はただ隣に座って、あなたのブラウニーをつまみ食いしたり、自分の水はどのグラスだったっけ、とか言いながらうっかりあなたのナプキンで口を拭いたりする程度かもしれない。

　それは一瞬にして起こる。お呼びでない客は、あまりにも素早く、そしてさりげなく着席してしまうので、その本当の性分《しょうぶん》を見分けるのは難しいのだ。はじめは味方のように見える。厄《やっ》介《かい》ごとから解放してくれると約束する。コリント人への手紙第二11章14節には「サタンでさえ光の御使《みつか》いに変装します」とある。つまり「悪魔」がその本性つまり「盗んだり、殺したり、滅ぼしたり」すること（ヨハネの福音書10章10節）をあらわにして食卓にやってくるなんてことは滅多にないということだ。むしろ親切で、あなたが一番欲しいものをわかっているふりをしつつ、苦労や痛みから逃れるすべをチラつかせる。

　ねえ、どうしたの？　などと言いながら近づいてくる。大丈夫？　具合悪そうだね。仕事はどう？　正直、君はよくやってると思うよ。その上司、なんて嫌《いや》なヤツだ。いや本当に、そんなバカとよく一緒にやってられるね！　プライベートのほうはどう？　まだダメなの？　なんてこった、かわいそうだね。ほんとに。甘いの、もう一つどう？　これ本当に美味しいよね！

中には、聖書から引用するような強者《つわもの》もいるかもしれない。実際サタンはその手を使ってイエスを言葉巧みに誘惑した（マタイの福音書4章、ルカの福音書4章）。こんな具合に。この箇所に書いてある通りのことをやってみたらどうだ。自分の身をもって答えを見せたらどうだ。こっちにはこう書いてある。お前が必要なものだろう。

「**敵**」はありとあらゆる手段でその思考をあなたの頭の中に植えつけようとする。映画などを通じて、あるいはSNS上に表示されるちょっとした影響力のあるネットミーム、あるいはたまたま耳にした他人の会話を通じて入ってくるかもしれない。どうやって心の中に侵入してきたのか自分ではよくわからないが、それでもとにかく心の中にもう存在しているのだ。「**敵**」はあなたが弱っているときに蹴りを入れてくる。あるいは孤独なとき、怒っているとき、あるいは疲れているときかもしれない。あれこれ抱えていたりプレッシャーを感じたりしているとき、私たちは悪いものの影響を受けやすくなってしまうのだ。ヨハネの手紙第一2章16節には「悪魔」の三大アイテムとして「肉の欲、目の欲、暮らし向きの自慢」が示されている。まず生理的欲求を、私たちに害をもたらすものにしてしまう。これが「肉の欲」だ。次に、見たら手に入れたくなるようなものを、私たちを破滅させる罠として利用する。これが「目の欲」だ。そして「暮らし向きの自慢」とは文字通り自慢、見せびらかし、目立ちたがりなど尊大な言動のことだ。それも悪用される。

たいてい「悪魔のささやき」は共感してくれているように聞こえるものだ。エデンの園でエバが誘惑されたときもそうだった。創世記3章で、そのささやきを蛇の口から聞いたエバは神の善性を疑うようになった。禁断の果実を見せられ、魅了された。「**敵**」はささやく。そう、神は出し惜しみをしている。いいものを、お前が本当に必要なものを出し渋っているんだ。ほどなくエバは誘惑に負け、うなずいて蛇に言われた通りにする。その木の実はまさに「食べるのに良さそうで、目に慕わしく、またその木は賢くしてくれそうで好ましかった」（6節）ので、エバは自分が食べるだけでなくアダムにも与えた。

手段はともかく、ひとたび「**敵**」が食卓まで来てしまうと、そこから先はもう決まっている。心に忍び込んで、あなたを破滅させようとする。頭の中に侵入し害を及ぼす思考を植え付ける。そうした思考は知らないうちに大きくなっていき、しまいにはあなたの行動に表れるようになる。「**敵**」は、あなたが邪悪なものに支配されるよう画策する。あらゆる良いものを奪い、神との関係を壊し、あなたのことを本当に思ってくれている人たちとの間に分断を生じさせようとする。「**敵**」は一見親切でも、長い目で見ればそうではない。「初めから人殺し」（ヨハネの福音書

8章44節）で、罠で人間を捕らえて思いのままにする（テモテへの手紙第二2章26節）のが本性だ。悪意があり非情で、いつも「吼えたける獅子のように、だれかを食い尽くそうと探し回って」（ペテロの手紙第一5章8節）いるのだ。

その「だれか」は、あなただ。

知らないうちに席をとられた？

人を欺くのが「**敵**」の得意技だから、その存在にすぐに気づくことができない。エデンの園ではエバをつけ狙っていた。イエスが裏切られた晩もうろついていた。それをやめさせることは、私たちにはできない。できることは、食卓に座らせないようにするだけだ。

安心してほしい。イエス・キリストの子どもとして、私たちには「悪魔のささやき」に対抗するための力、つまり信仰がある。「イエスの名によって、悪しき言葉、思考、影響なんか受け入れないぞ」と明言することができる。

もし「**敵**」がすでにあなたの食卓に座っているのに、あなたがそれに気づいていない場合はどうなるのだろうか？　自分のネガティブ思考や破壊的な感情にすっかり慣れてしまい、ランチを「**敵**」にこっそり食べられているのに気づかない、なんて状況だったら？

もう「席」をとられてしまったのかどうか、どうすればわかるのか？　それは、奴らの隠し持っている、強力でしかも次々と繰り出される武器でわかる。それは「嘘」だ。嘘の数々を見分け、それらには私たちの人生を台無しにしてしまう力がある、という事実を認めることから始める必要がある。イエスの名によって武器を絶つのは、その後だ。

（1）この話は何度か語ってきたので、以前に聞いたことがあるかもしれない。しかし本書で伝えたいメッセージの大切な部分に関わるという点、そしてこのようなケースはよくあることなのに見過ごされがちだという点から、あらためて再びここで取り上げることにした。

第4章　「命取り」になる嘘を暴く

私はアトランタのダウンタウンにある大きな教会に通って育った。十二歳、七年生（訳注：日本の中学一年生にあたる）のときの男子の日曜学校の様子を思い出す。リノリウムの褐色の床、同じく褐色《かっしょく》の軽量コンクリートブロックの壁。金属製の折りたたみ椅子。壁にはパウロの伝道旅行の地図。いつも閉まっているブラインドの付いた窓。遠くには「柔和で温和」なイエスの大きな絵が飾ってあるのが見える。だいたいイメージがついたかな？　そう、血色の悪い、長いこと外に出ていないような顔のイエスだ。着ているローブは完璧。ヘアスタイルもばっちり。もふもふの羊を肩に抱き、もう片方の手には羊飼いの杖。遠い目でどこかを眺めている。こんな、写真館で撮ってもらったようなイエスは、現実とはかけ離れている。

我らがヒーローそしてガーディアン。力強い、神の息子だぞ！　人生における一大事が起きているとき、追い詰められているとき、万事休す状態なとき「悪魔のささやき」が聞こえてくる。こんなときこそ片手にむち、もう片方に杖を携えた全能の「良い羊飼い」を思い出そう。それが詩編23編で描かれているイエスだ。その存在は私たちの慰めなのだ。「良い羊飼い」は、その羊飼いの杖であなたを安全なところへ引き戻してくれる。襲いかかろうと近くをうろつく獅子《し》や暴れる熊はむち（訳注：日本語版聖書では《むち》と訳されていることが多いのでそれに合わせているが、英語では《rod（棒）》である）で打ち倒してくれる。

サムエル記第一17章34～36節には、詩編23編を書いたダビデ王が獅子《し》や熊と戦ってねじ伏せるようすが書かれている。ダビデは、神が「死の陰の谷」で私たちと共にいると約束したことの意味を理解していた。困難の中でイエスが一緒にいる。ポケットに手をつっこんで何もせずにただ見ているのではない。いざとなったら私たちを救出し、何としてでも守り、あふれるまで杯に注いでくれる。もう背後を心配する必要はない。神の食卓は「**敵**」のいる真っただ中にある。イエスは、私たちの注意が「良い羊飼い」であり救い主であるイエスからよそへ向かうことがないよう私たちを見守り、保護してくれるのだ。

それでも、さきほど言ったように、戦略として「**敵**」の嘘を見抜くスキルを身につける必要はある。嘘そのものに重点的に取り組むのではなく、嘘をかわして、それてしまった注意を「良い羊飼い」のほうにしっかり取り戻せるようになるためだ。こちらに放たれる嘘の数々をこれから紹介していく。嘘を見分けられるようになれば、それらを乗り越え、心の中のたたかいに、イエスの名による真実をもって勝利できる。

「あっちのほうがいい」という嘘

一つ目。もし最近、あっちのほうがいいかな、などと考えたことがあるなら、あなたの食卓に「**敵**」が座っていると思っていい。イエスがあなたのために整えた食卓は「羊たちがいのちを得るため、それも豊かに得るため」(ヨハネの福音書10章10節)にある。主が用意してくれた以外の食卓は「盗んだり、殺したり、滅ぼしたり」するためのものだ。「**敵**」はたいてい、あなたの隣に座るやいなや向こうを指して、他にもっとすごいものがあるよ、と誘惑を始める。神がいない食卓を指しながら、こうささやく。

ほら、あっちだよ。あっちに行けば君の問題は解決するよ。

そう、「**敵**」は最悪のセールスマンなのだ。こちらの言ってほしいことをズバリと言い、探しているものを勧《すす》めてくる。わかりやすく「殺すぞ」とか言いながらやってくることなんてない。オススメ品を携えて甘い言葉を吐きながら食卓に来る。しかし最後にはわかる。セールスマンが売っているものは真実でもいのちでもない。信じちゃダメだ。売り物は「嘘」であり、「死への道」なのだ。

他の場所へ誘いだそうとするのは奴らの常套手段で、他人と比較させる策略だ。他にもっといいところがあるよ、は「悪魔のささやき」の定番なのだ。今のパートナーと別れて他の人とくっついてしまえ。そのほうが人生よくなるんじゃない？　それで問題はみんな解決するよ。別の誰かさえいれば。あっちのグループに入ったほうがいいんじゃない？　あの食卓だよ。神さまがいないやつ。これまで本当だと思っていたこと全部捨てて、しばらく好きなようにやればいいじゃないか。自分がそうしたいなら。そうそう、あっちの食卓だよ。神さまが一緒じゃないところね。そのほうがもっと楽しいし、たくさん食べられるし、満足できて喜びもあるし、他にも欲しいものが見つかるよ。

このような嘘に屈してはいけない。この嘘は、人生を他人と比べさせては「あっちのほうが良かった」と思い込ませるのだ。「**敵**」は、あいつはズルいとか、俺も欲しかったのにとか、そうした思いをちょっとずつ交ぜ合わせて、そこに〝自虐〟という名の隠し味を加える。ついでに、あの人のほうが神様に愛されている、祝福されている、などの一言二言も付け足す。神はあなたが必要なものを出し渋っているに違いない、なんていうのもあるぞ。ほどなくあなたは神の善性を疑い始める。神に祝福されていなければ愛されてもいない、と吹き込まれる。良いものを取り損ねたのは、神は意地悪で、あなたのことなんか忘れていて、しかもずっと嘘をついてきたからだ、と。

これは俗に言う「隣の芝生は青い」症候群だ。食卓で神の前にしっかり座っていなかったり、視線が「良い羊飼い」からそれていたりすると、他人との比較の罠にかかりやすくなる。あたりを見渡してみよう。どんなものが見えるかな?

■ボブのほうが会社で良いポジションにいる。抜け駆けをしやがった。だから新車をゲットして、こっちは子どもにまともな車を買ってやることもできずにいる。そのうえ自宅の裏庭に立派なプールを設置した。奥さんと一緒に決めたらしい。リアルな滝があるプールだ。

■ジャスミンがSNSに投稿している写真はどれも完璧。子ども、優雅な休暇、それに旦那さんに家の裏に建ててもらった「女子の小部屋」（訳注：原文《She Shed》いわゆる男の秘密基地 man cave の女性版）まである。

■ジムで知り合ったカート。ついに機能不全状態だった家庭と妻を捨て、厄介な義理の母とも縁を切り、新しくできた若い女性と他の町で暮らし始めた。自由気ままで幸せそうだ。

■アニータは教会を去り、入ったばかりのスマホの会社も辞めて、今はユタ州をキャンピングカーで巡っている。何の責任も義務も、お荷物もない。

「**敵**」は自由のイメージを見事に描いてみせる。ほら、あっち —— いつだって、より青い芝生だ。責任から逃れて自分勝手な行動をするのは、イエス的ではない。イエスが与える「いのち」は完全なものだ。

あなたは今、自分がこれまでに正しいと、そしてよいと思ってきたものから離れようとしているだろうか？　ここまで読んできて、どうだろうか。関わる義務のあることから逃げようとしているだろうか？　神に反することだとわかっていながら、それをやる一歩手前まで来てはいないだろうか。やれば後悔するとわかっているのに？　あるいは、すでにイエスから離れてそっちに飛び込んでしまったかもしれない。でもすぐに「より青い芝生」は自分が思っていたものと全然違うことに気づいたかもしれない。もし思い当たることがあれば、「**敵**」はあなたの食卓に座っている。

でも、こんなふうに生きなくてもよいのだ。イエスがあなたに、二人だけの食卓のほうに戻って来るよう呼びかけているのだから。敵を食卓に着かせてはいけない。

「そんなのムリ」という嘘

二つ目。「そんなこと、できっこない」という思い込みがあれば、それは「**敵**」が食卓にいるサインだ。「**敵**」はこんなことをささやく。人生に希望なんてない。八方塞《ふさ》がり。もう全部放り出そう、やめよう、死んじまえ。そのほうがいい。

調子はどう？　と聞かれることがしばしばあると思うが、ついこんな返答をしてしまう。「うーん、今期はうまくいくかわからないな。今学期はボロボロかもしれないな。今度こそ本気でヤバいよ」。

心当たりがあるだろうか？　そんな思考、どこからやってくるのだろう？　こんなウジウジ、モヤモヤする言葉、どこで頭に入ってきたのだろう？　「良い羊飼い」からではない。たぶんそれは食卓にいる「**敵**」の声だ。

神は、あなたが「死の陰の谷」を歩むときも共にいると約束していることを思い出そう。悪しきものを恐れる必要はない。「歩む (walk through)」の through には、「通り抜ける」という意味がある。つまり私たちは「谷」にただ「行く」のではなく、無事に通り抜けられるということなのだ。

それが「たとえ……でも信じる」心を持つということだ。逆境の中でも、神のむちと杖が共にある。困難の中でも、あなたは独りぼっちなんかじゃない。あなたが大変な思いをしていることを、神はわかってくれている。つらいのはお見通しだ。神が約束しているのは、渦中からあなたを拾い上げることではなく、その中で、一緒にいてくれるということだ。あなたが困難を切り抜けられることを約束している。その違いは大きい。

この先も「良い羊飼い」が「あなたにはできない」なんて言うことはない。人生に希望はないとか、逃げ道はないとか、そんなことは言わない。放り出せ、やめちまえ、死んでしまえ、これらは神の声ではない。「良い羊飼い」ならば、一緒に「谷」を乗り越えよう。ずっとわたしがついているから。これが天国では思い出話になるだろう、と言うはずだ。

神がエジプトからイスラエルの民を解放したとき、まさにそうだった。紅海に橋を架ける代わりに、その中を渡れるようにするために「海を割る」ことにした。神の計画はたいてい、荒波の上に橋を架けるのではなく、その中を奇跡的に通り抜けるための恵みと力を与えてくれるというものだ。「あなたの道は　海の中。その通り道は大水の中。あなたの足跡を見た者はいませんでした」(詩篇77篇19節)とあるように、今どんな状況にあったとしても私たちはそこを通り抜けられる。「良い羊飼い」があなたと共にいるのだから。

食卓は、神だけがいて敵はいないところにあったらいいのに、と詩編23編を書き換えたくなるかもしれない。クリスチャンは神を想い、見守ってくれていることを強く願い、そして祈る。主よ、今日も私と共にいてくださいますか？　と。でも考えてみてほしい。神はその祈りにはとっくに「いますよ」と答えている。使徒パウロはコリント人への手紙第二13章5節で「あなたがたは自分自身のことを、自分のうちにイエス・キリストがおられることを、自覚していないのですか」と述べている。キリスト教には「神性が肉をまとう」という神学理論があるが、これはイエスが私たちの内にいる、ということでもある。特殊な、超自然的なかたちで神の存在を感じさせられるようなケースもあるが、昔イスラエルの民が雲や火などに神を見たようなことを期待する必要はない。

興味深いことに、新約聖書の中には、神の「存在」を外に求めたり称賛したりするよう私たちに勧める箇所は一つもない。なぜか？　それは神が、誰の目にも見えるかたち（三三歳の、実体のある生身の人間）をとって、つまりイエスの受肉によって現れたからだ。そのイエスが今や御霊を通じて私たちの内に住まう。もうイエスの姿かたちを探さなくていい。人の中にイエスを見たい。聖霊がどこにいるか探す必要もない。人の中に聖霊そして神の力を見たい。こちらから神を訪ね歩くこともない。神（父、子、聖霊）は私の内にいるのだから。

そして神は「**敵**」のいるところで私たちと共にいる、と約束している。この壊れた世界で、つらいときも、逆境の中でも、絶望感に苛まれているときも常に。困難を全て取り除いてくれるわけではないが、神は私たちがつらい状況を切り抜けられるようにし、その状況の中で一緒にいてくれる。

もう希望なんてない、という嘘を信じてしまったことはあるだろうか？　希望はある。イエスがあなたの内にいるのだから！　敵を食卓に着かせてはいけない。

「まだまだダメ」という嘘

三つ目。「自分なんて、まだまだ」という思い込みがあれば、それも「**敵**」が食卓にいるサインだ。さて、この嘘には慎重に対応しなくちゃいけない。聖書には謙虚さが大切と書いてあるからだ。しかし、真の謙虚さというのは自分を「より小さい存在」だと思うことではなく、自分について「より少し」しか考えないことだ、と言われている。自分が「へりくだる」ことで神を「敬愛している」と誤解している人は案外多い。それは真実とはかけ離れていることだ。人間は神に「かたどって」造られた。驚嘆すべきことだが、それで「自分はすごい」とふんぞり返るのも、逆に「何をするにも能力が足りない」とがっかりするのも、ちょっと違う。「**敵**」が連れて行こうとするのはこのような両極端、つまり過剰に膨れ上がったエゴイズム、あるいは逆に自分の存在や価値を過小評価する態度のどちらかだ。

あなたが後者、つまり自分は十分にできていないと思う傾向にあるなら、そんなことはないよ、と私は言いたい。何を達成しても、みことばを何年も聞いて真理を教えられても、それでも自分はまだまだだ、などと思っているなら。

お前は何にもなれやしない、とか誰かに言われたかもしれない。配偶者に去られた、両親に見捨てられた、あるいは自分にぴったりの男性や女性をずっと探していたのに出会えなかったかもしれない。いつも自分の容姿に不満があった、あるいは友だちがもらったプレゼントを自分も欲しかったかもしれない。罪悪感が山のように積み上がり、後ろめたさで押しつぶされるようなことがあったかもしれない。どんなに一生懸命やってみても、がんばってみても、これで十分だと満足することができない。自分でそんなふうに感じていると、他人からもそう見られているはずだと考えるようになる。自分によくしてくれる人でも内心は違うのだろう、なんて思ってしまう。

こういうことだ。「まだまだダメ」は地獄の片隅で作曲された歌なのだ。少しずつダメージを与え、弱らせ、麻痺させ、息を詰まらせる。「良い羊飼い」がもたらすものではない。もし自分の思い込みが慢性化しているなら、それは「**敵**」が食卓にいる証拠だ。

これは謙虚とは違う。こん棒で頭を殴られるのと同じだ。役立たずだとか、がんばってもムダだとか、そうした嘘が耳元でささやかれる。教会で小グループのリーダーになるよう頼まれたことはあるだろうか？　こんなときに「無理だ」という嘘が聞こえてくる。信仰をもつ妻として、母として、家族を品位や思いやり、優しさをもって育んでいこう、そんなふうに思っているときにも「まだまだダメだ」という嘘が聞こえてくる。どうせ何も達成できないのだから、やるだけムダだ、そんな声が。あなたは神に創造され、愛する子どもとして神から呼びかけられているのだと信じているだろうか？　嘘は逆に、あなたは神に拒絶されたと思い込ませようとする。価値のない罪人。これまでも、これからもずっとそうだ。神の子どもなんかではない、神はお前なんか嫌いだ、と。

イエスがここにあなたを招いている。
この食卓に。
食事も用意してくれている。
あなたとつながるため、そこにいる。

イエスはこのために全てを投げうった。

そんなことはない。食卓をちゃんと見てほしい。前に座っている神のほうへ、しばし目を向けてみよう。そこにあるのは、こちらが気まずくなるような、叱ってきそうな顔だろうか。あるいはリフレッシュのための水をあなたに渡そうとグラスと水差しを持つ、傷跡のある手だろうか？　イエスは神聖さの「極めつけ」なのだ。そのイエスがここにあなたを招いている。この食卓に。食事も用意してくれている。あなたにつながるため、そこにいる。イエスはこのために全てを投げうった。

ヨハネの福音書10章に「良い羊飼い」を麗しく表現している箇所がある。「良い羊飼いは羊のために命を捨てる」（11節／新共同訳）だ。イエスはあなたと食卓を共にするために自分の命を懸けたのだ！　敵を食卓に着かせてはいけない。

「みんな自分に冷たい」という嘘

最近、仕事を辞めたばかりの男性と話していたときのことだった。理由を尋ねたら、職場でみんなに嫌われていたからだという。社名を聞いたとき私の記憶と違う気がしたので別の会社の名前を挙げたら「違うよ。そっちは、数年前にいたところだよ。そこも辞めたんだ。誰もが僕に冷たいんだよね」という返事。

後になって、その男性は奥さんと離婚したばかりだった、ということがわかった。私は事情を訊いてみた。状況を手短にまとめると「義理の両親は最初からずっと僕のことをよく思っていなかった。僕はあっちの人たちみんなに嫌われていたんだよ」ということだ。

そんなこと、あるか？　と私は思った。

誰もが自分に対しては感じ悪い、と思い始めると、みんなに嫌われていると確信するようになる。職場の人たち。家族みんな。教会の人たち。牧師。大学の教授。両親。子ども。友だち。同僚。近所の人たち。飲食店でも自分の注文したスープには店員が唾でも入れるんじゃないか、なんて思う。

もし「みんな自分に冷たい」と思い込んでいるなら、それも「**敵**」が食卓にいるサインだ。その思い込みは恐れからくる非合理的な思考で、被害妄想だ。人生において人間不信をもたらすものだ。

この嘘には微妙なパターンのものがある。「**敵**」は疑念という種を人の心に仕込むのが得意だ。神への信頼を揺るがせ、自己肯定感を下げる。はっきり嫌いと言われなくても、頭の中をぐるぐるしているのはこんな思いではなかろうか：僕が出社したとき、あの人は見向きもしなかった。僕のことが嫌いなんだ。あそこでお喋りしてる人たち、絶対私の悪口を言ってる。何か企んでるに違いない。あの子、もう私とは話したくないんだ。自分には友だちがいない。仲間外れにされてる。誰もどこにも誘ってくれない。みんな私が嫌いなんだ。

さて実際はどうだろう？ まあ、中にはあなたを嫌いな人もいるだろう。当たり前だ。でも、すべての人があなたを嫌っている、なんて可能性は低い。この思い込みでつい拳《こぶし》に力が入り、攻撃的な気分になったことがあるかもしれない。過去に自己防衛的になったり、人間不信になったりした時期があるかもしれないが、それが常態化してしまったのだ。あなたは自分の前に自分で壁をつくってしまった。高くて、分厚い壁。突破不可能な鉄壁とさえ呼ぶ人もいるかもしれない。過去にあなたを傷つけた人を、あなたは二度と近寄らせまいとする。声に出すにしろ心の中にしろ、こう誓ったはずだ。殴られるくらいなら、その前にこっちから殴ってやる。別れを告げられるくらいなら、先にこっちから別れてやる。無視されるくらいなら、こっちから無視してやる。たいてい「嘘」がこうした行動の背後にある。

あなたに必要なのは、「良い羊飼い」に静かな水辺まで連れて行ってもらうことだ。青草の上で休ませてもらうことだ。魂を神に回復してもらおう。癒しと修復に至る正しい道へと導いてもらおう。主の栄光のためにも。プレッシャーやトラブル、将来の不安や争いごとなどいろいろあるかもしれないが、これらの中に、主の食卓がある。神はあなたの味方だ。イエスは細腕の弱虫なんかじゃない。万物の主だ。真の強さ、力、権威は主に属する。全宇宙の王なのだから。神はあなたと共に「谷」を歩む。この先どうなるかなんて心配しなくていい。もう背後を気にしなくていい。ボクシングのグローブは脱ぎ捨てよう。

ここで少し、あの「敵を食卓に着かせるな」のメッセージを受信した、あの頃の話に戻ろう。私は海外で講演に招かれていた。楽屋でカンファレンスのホストやスタッフたちが輪になって祈っている。私も次のセッションに出る人たちと一緒にその中に呼ばれた。みんなで輪になり、互いに手を取り、力と恵みを授けてくださいと主に祈る。

祈りの時間が終わると、見知らぬ女性がこちらに近づいてきた。祈りの最中、何か嫌なものを感じたというのだ。「あなたの揚げ足をとろうとしている人がいるわよ」と女性は言った。「でも心配いらないわ。神さまはあなたの味方だから」。背中に冷たいものが走る。ここはアトランタから遥か遠い外国。私が教会内部で問題を抱えていることを知っている人なんて誰一人としていないはずだった。この瞬間を私は未だに忘れられない。それ以来、不安が押し寄せてくるたびに心の中で自分に言い聞かせる。ルイ、心配しないで。神さまはあなたの味方だから。

　これは真実だ。あなたは、これを自分自身に、特に緊張した状態のときに言い聞かせたことはあるだろうか。この真実を思い出すと、どんな不安もいったん脇に置いて自分を俯瞰《ふかん》しやすくなる。そして他者に手を差し伸べる余裕が生まれる。

　神はあなたの味方こそすれ、意地悪なんかしない。この真実はとても重要だ。これを信じられなかったら、不安があなたにつきまとうことになる。いつも背後を気にしていると「この世で被害者になるのはいつも私」という間違った世界観が出来上がってしまう。自らを制限・妨害し、自分に好意を持つ人がいても、それに気づくことすらできなくなる。他人から愛されるには、究極的には神と和解し自分自身を愛さなくてはいけない。もし「みんな自分に冷たい」と思ってずっと生きてきたのなら、初めは勇気がいるかもしれない。でもあなたは自分のことを嫌いになるために造られたのではない。愛されていると知るために造られたのだ。

　ただ、悪く思わないでほしいのだが、怒りを抱えたままでいると、食卓の上に並べられている恵みを人生に反映させることはできない。詩編23編5節に「あなたは……頭に香油を注がれた。私の杯は溢れた」とある。頭に香油、の部分は羊についての知識がないと意味不明かもしれない。羊にとって、いわゆる大きな悪いオオカミ《ビッグバッドウルフ》よりも恐るべき存在（もちろん狼も脅威だが）

は、ちっこい寄生虫やハエなのだ。災難は地味に始まる。ハエどもがするのは、羊の鼻のやわらかい組織に卵を産みつけること。うげっ。鼻の中にハエ発生源を置かれて、知らずに吸い込みそうになるなんて想像できるかい？　寄生虫は羊の目の周りや顔の毛の中に潜んで、皮膚病や炎症を引き起こす。だから羊飼いは羊の頭に油を垂らす。油には羊の顔や鼻の周りの毛を虫どもから保護する役割があった。神はみことばを通じて、あなたを悪いもの、嘘、偽りから守りたいのだ。

まだある。イエスは食卓にある豊かさを、あなたの人生に反映させてほしいと願っている。恵みであふれる人生になるように。気前のよい人がいたら、それは普段からちゃんと主と食卓を共にしている証拠だ。神の祝福は、貯め込んでおけない。ステーキを受け取ったら、周りの人たちにも分けてあげないと。苦手な人にもだ！　なぜか？　だって、その余裕があるのだから。食卓には十分すぎるくらいのものがある。惜しまず人々と分かち合おう。あなたのことを嫌いかもしれない人にも。怒りで拳《こぶし》を握りしめていたら寛大になれない。手の力を抜かないと、与えることができない。

主の食卓は、「みんなに嫌われている、みんなに冷たくされる」という物語を「神は私の味方。私を守ってくれている」に変える。食卓の上にある豊富な恵みによって、あなたは周囲の人に愛を分け与えられる存在になるのだ。中には、それを拒む人もいるかもしれない。でも、驚くと思うが、周りの人たちの多くはあなたが来てくれるのを、愛の手を差し伸べてくれるのを待っているはずだ。

全能なる神はあなたの味方だ。誰も彼もあなたを嫌い、なんてことはない。敵を食卓に着かせてはいけない。

「逃げ道はない」という嘘

追い詰められていて逃げ道がないと感じていたら、「**敵**」が食卓にいるのはもう察しがつくだろう。

これは嘘の典型例だ。これまでに述べてきた嘘とのコラボでやってくる、最悪の嘘だ。「**敵**」は、あなたにはもう行く当てがなく、前にも後ろにも逃げ道はなく、自分ではどうすることもできない状況なのだ、と思い込ませる。

判断をたびたび誤ったせいで、あなたはだんだん追い込まれる。友だちの裏切り。評判の失墜。失業。コミュニティからの疎外。人間不信。万策尽きた。大きすぎる重圧。もうおしまい。金も底をついた。夜逃げでもするか。いや、いっそのこと人生をこの手で終わらせようか。

私自身、過去にはこんな思いにかられるような厳しい現実を、いくつもの嵐を経験してきた。

だから、これから皆さんに伝えるアドバイスが楽勝でできることだなんて嘯《うそぶ》くつもりはない。もし現状を八方塞《ふさ》がりで逃げ道なしと自分が感じているなら、形成を逆転させられる事実を教えてあげよう。そう、まさに、八方塞がりなのだ！　でも、あなたが思っているよりはマシなのである。

イスラエル全土で崇敬されていた、最も力のある預言者の一人だったエリヤは油注ぎを受けていて、奇跡を起こすことができた。カルメル山では、エリヤが神に祈ると、異教の神々の預言者たちに天から火が下った。神の意志を受け、エリヤは、若く信仰が篤く有能なエリシャを後継者とする。エリシャも神の力を信じて歩む預言者だった。

戦乱の時期にアラム王はイスラエルを侵略し、各地の都市やイスラエルの民を執拗に襲った。しかしエリシャは敵の動きを神から告げられていた。「神の人が警告すると、（イスラエルの）王はそこを警戒した。このようなことは一度や二度ではなかった」（列王記 第二6章10節）とある通りだ。アラム王はこれを知るや、何としてもエリシャを抹殺せねばと思うに至る。

エリシャと従者はドタンという町にいた。アラム軍の計画をイスラエル王に伝えている預言者はドタンにいることがわかると、アラム王はエリシャを葬るべく戦車や軍馬を伴う大軍をそこへ送り込む。アラムの軍隊は夜の闇に紛れてドタンに着くと、エリシャが眠っているあいだに町を包囲した。

いっぽう従者は眠れずにいた。なかなか寝付けず、何か外で音がするたびに不安になっていた。誰かそこにいるのか？　危険が迫っているのか？　エリシャ様は無事だろうか？　夜が明ける前に従者はすでに起きていた。様子を見に外へ出て、その目を疑った。町は完全に包囲されている。敵はエリシャの居場所をつきとめ、攻撃を仕掛けられる体勢を夜のあいだに整えたのだ。まさに八方塞がり。

従者は大急ぎでエリシャを起こしに行く。「ああ、ご主人様。どうしたらよいのでしょう」（同15節）。

エリシャはどうしたか。恐れおののき降伏するか。あるいは、状況を好転させるか。預言者が選んだのは後者だった。「たとえ……でも、私は信じる」信仰に身を投じる。エリシャは宣言する。「恐れるな。私たちとともにいる者は、彼らとともにいる者よりも多いのだから」（同16節）。そして祈る。自分のためではなく、目前に迫る軍隊からの救出を求めるのでもなく、エリシャは従者のために祈った。変だよね？　一体なぜ？

エリシャは「どうか、彼の目を開いて、見えるようにしてください」（同17節）と祈ったのだ。

従者の目には何も問題がなかったはず、と思うかもしれない。軍馬が牽《ひ》く戦車が一〇〇ヤード（訳注：約九〇メートル）先にいるのを目視で確認できたのだから。兵士が何百といて、それに対してこちらは自分とエリシャしかいない。自分たちは身動きできない状況にいて、追い詰められていることをはっきりと理解していたはずだ。

エリシャが祈った理由、つまり、この従者に見えていなかったものは何だったのだろうか？それは、ドタンを取り囲むアラム軍こそが、我らが神の軍勢に包囲されていた、ということだ！

「主がその若者の目を開かれたので、彼が見ると、火の馬と戦車がエリシャを取り巻いて山に満ちていた」（同6章17節）。そう、味方が敵の背後にいたのだ。偉大なる力と栄光の炎を噴き上げる神の軍勢が。

私たちにとっても同じだ。身動きのとれない状況かもしれない。知らないうちに「**敵**」は体勢をすでに整えてしまった。周囲を見回せば、自分を脅かし、責め、叩き、嫌ってくる人たちがいる。でも、ぜひ知ってほしい。ここで話が終わりなのではないのだ。ここまでは、食卓にいながら遭う逆境だ。これでおしまい、逃げ道はない、と「**敵**」はあなたに思わせたいのだ。

そこに割って入ってくるのが神の御霊だ。主よ、あの人の霊の目、心の目を開いてください。信仰によって見えるようにしてください。

神は、あなたを取り囲むもの全てを、すでに取り囲んでいる。敵を食卓に着かせてはいけない。

ここはあなたの居場所

シェリーにプロポーズしよう、とついに決心したとき私はフォートワースに住んでいたが、クリスマス休暇のためアトランタへ向かっていた。シェリーのほうは、私の実家で数日過ごすため、ヒューストンからアトランタへ飛行機で移動していた。私は結婚指輪を買おうとしていた。

当時私は大学院に通っていて、実家が裕福というわけでもなかったので、指輪にぴったりのダイヤモンドを探すのに苦労していた。

そこへラッキーなことに、友人がダラスにあるダイヤモンドの問屋市場のディーラーを紹介してくれると言ってきた。よいダイヤを手に入れるため、有り金のほとんどをつぎ込んだ。それはルース（裸石）だったので指輪にセットする必要があったが、その時間はなく、とりあえず帰路についた。

ジュエリーショップで指輪を買うと、パカっと開くベルベットのケースに入れてもらえるが、輸入業者から直接ルースを買っても、小さなツルツルの紙に包まれているだけだった！

数日後、私はシェリーの前に片膝をついて、ダイヤのセットされた指輪を差し出した。これからの人生、一緒にいてほしいと言いながら。この世で私が持てる最もかけがえのない存在がここにいる。それほどシェリーのことが大切だった。

これこそ、主があなたに用意している食卓の醍醐味だ。すぐそこで、今あなたを待っている神が起こす奇跡だ。イエスは、あなたが大切だということを、伝言や使者を送ったのではなく、自ら伝えに来たのだ。地上での命を捨てることになっても。イエス自身が贈り物だ。あなたがそれに気づくのを（文字通り）本当に長いこと待っていた。いま食卓であなたの前に座り、あなたには価値があるんだよ、と語りかけている。

「**敵**」があなたは十分に賢くないとか、強くないとか、経歴が不十分だとか、ルックスがよろしくないとか、大したやつじゃないとか言ってきたら……顔を上げて、王の目をしっかり見るのだ。そして聞くのだ。わたしの娘、あるいは息子へ。他でもない、この食卓で、わたしは君と交わりたいのだよ。主の言葉は「いのちのことば」であり（ヨハネの福音書6章68節）、「力強い御声」（詩篇68篇33節）だ。神の声は「**敵**」のあらゆる嘘をかき消す。あなたは主の恵みにより、自分の食卓で耳にすべき声を自分で選べるようになる。そしてディナー・パーティーから「**敵**」を追い出そう。イエスの名によって、退散してもらおう。

第5章　罪のスパイラル

「調整」が必要なときがある。

過去に十年ほど、友人のシェット・ウィリアムズと一緒に教会活動をしていた時期があった。シェットは私が子どもの頃から大好きだったオーバーン大学のアメフトチームのチャプレンだったので、光栄に思っていた。シェットがチームの選手たちやコーチ、スタッフらを支え、鼓舞するところを間近で見られるなんて夢のようだった。現役の選手たちの近くに――彼らの調子が良いときも悪いときも――いられたことを、私は誇りに思っていた。

私はただ、チームの「友人」でいればよかった。サポート役だ。しかしアメフト好きが高じて、ハーフタイムにロッカールームで選手やコーチたちと過ごす時間が何よりの楽しみだった。スタンドで観戦するだけではうかがい知れないチームの内部情報を得ることもできた。ハーフタイムは、自分のお気に入りの選手が活躍したときは特に楽しい。贔屓《ひいき》のチームが3タッチダウン差で勝っていて、勝利を確信することもあるだろう。しかし舞台裏では、チーム内部で大幅な調整が行われている。

コーチたちは試合を多次元的に観察している。まず自分のチームの防御と攻撃、チームのプレーブックの内容を完全に把握する。さらに対戦相手の過去の映像を何時間もかけてチェックし研究する。あらゆるケースで敵がどう動くかを知るためだ。全体像をつかむのがコーチの務めだ。

ハーフタイムになると選手たちはロッカールームに駆け戻る。水分補給にカロリー補給。さあ「戦術対策」に取り掛かるぞ。ディフェンス、オフェンス、それぞれで作戦会議だ。コーチはスライドを出したり、ホワイトボードに書いたりしながら説明を始める。「いいか、こっちが△△の戦術を使うと、あっちは○○で防御してくる。ここにはこの選手、こっちにはこの選手が配置される。この方向に走るように見せて、狙いはあっち。我々がやられるのはここだ。だから相手が○○を仕掛けてきたら、この戦術でいこう。後半は、前半とは違うやり方でプレーするぞ」。

コーチの才覚は（たいていの場合、勝利も）状況を見ながら必要な手直しができるか否かで決まる。

しばし想像してみてほしい。あなたは神に「かたどって」造られた。尊い存在だ。上出来の作品、神の子どもなのだ。神は、あなたを縛るあらゆるものから、あなたを解放したがっている。賜物を人生で存分に活かすことを望んでいる。だから「敵」に勝利することをそろそろ本気で考えよう。向かい風はどんなふうに吹いてくるだろう？「敵」は何を仕掛けてくるだろう？　どんな調整が必要になるだろうか？　といった問いかけをする余裕がせっかくあるのだから。心の中の敵に勝つ。あなたにはそれができる。

止めどない思考

それでは「手直し」に取りかかろう。「敵」が食卓に着席しているとして、真面目に、ちゃんと観察してみよう。詩編23編でどんなことが約束されているか、これまでに見てきたことを思い出そう：イエスが用意した食卓は「敵」が周りにいるところにある。生きていれば様々な問題に直面するが、それでも全能なる神は、私たちが食卓に着いて交わりに加わるよう招いている。「敵」の着席を許してしまうと、もともと神とあなただけのものだった食卓から少しずつよいものが奪われていく。得られるはずだった豊かな人生が食い尽くされてしまう。ランチを横取りされるような感じだ。それは「罪」そして「死」につながる道へと降りていくことの始まりだ。

この「死」とは、霊的な死のことを意味する。これはキリスト者にとっては「永遠の責め苦」ではなく、本来享受できるはずの神との完全かつ深い関係性が壊される、ということだ。聖書は、神の愛から私たちを引き離すものは何もないと明確に述べているが（ローマ人への手紙8章38〜39節）、たとえキリスト者でも、自身の選択次第で神とのあいだに距離をつくってしまうことがある。食卓に「**敵**」がいる状態だと精神が罪の色に染まり、良心が失われていく。そして神との調和のとれた親しい関係が台なしにされてしまう。罪によって心が落ち着かなくなったり、効率的に動けなくなったり、自信を失ったり、暗い気分になったりする。人間関係が行き詰まる。神から与えられた賜物を発揮できなくなる。

事態をややこしくするのは、思考と感情は、罪や誘惑と結びついて延々と続くスパイラルに陥ってしまう、という点だ。あなたの周りに同じ罪を何度も繰り返す人がいるかもしれない。あなた自身がそうかもしれない。そのスパイラルは「遺伝」することもある。祖父母のよからぬ行動や態度のパターンが両親に受け継がれ、それが今度はあなたに、さらにあなたの子どもにまで引き継がれる。いっぽう個人に留まるスパイラルもある。人生がつらくなると、自分のためにならないとわかっていながら、以前の罪に戻ってきてしまう。いずれにせよ負のスパイラルは打ち破らないといけない。だから「**敵**」の策略に立ち向かう（コリント人への手紙 第二2章

11節「それは、私たちが**サタン**に乗じられないようにするためです。私たちは**サタン**の策略を知らないわけではありません。」）ためにスパイラルの仕組みを知っておくべきなのだ。

スパイラルが始まるきっかけは誘惑だったり、神から来ているのではない思考が頭に入ってきたりすることから始まる。これ以上先に行かないように。現実をしっかり見ること。自分に害を及ぼすような考えは神から来るものではない。これに気づく必要がある。「**敵**」が人間の欲望を悪用すると、よからぬ考えが入ってくる。どういうことか？　ヤコブの手紙1章13～15節に、スパイラルの始まりが描写されている。「だれでも誘惑されているとき、神に誘惑されていると言ってはいけません。神は悪に誘惑されることのない方であり、ご自分でだれかを誘惑することもありません。人が誘惑にあうのは、それぞれ自分の欲に引かれ、誘われるからです。そして、欲がはらんで罪を生み、罪が熟して死を生みます。」。

私たちは自分自身の欲に「引かれ」、「誘われる」のだ。「**敵**」には策略がある。私たちを葬り去るための計画だ。私たちは孤立して存在しながら「なんとなく」生きているのではない。人生というたたかいの場にいる。人間には神の刻印がされているようなもので、だからこそ狙われる。ヤコブの手紙に書いてあったように、「**敵**」は人間の持つ欲望を逆手に取って攻撃してくる。「**敵**」は神を憎んでいる。神に「かたどって」造られたな間を破滅させるためなら何でもする。警戒しなくては！　「**敵**」はあなたの夢を潰そうとする。神から与えられた生きる目的、自尊心、自信、希望を打ち砕こうとする。結婚生活や子どもとの関係を台なしにし、あなたの評判、そのついでにキリストの名を汚したがっている。あらゆる機会をとらえて容赦ない攻撃を仕掛けてくる。破滅の道に引きずり込む「敵」のやり口は、あなたの人生を最善のものにすべく神が用意してくれたものを台なしにする思考を心の中に植えつけることなのだ。その思考はあなたの気を引き、心の中でジワジワ大きくなっていく。

このように「敵」は悪意に満ちているものの、心配しすぎたり、考えすぎたりしないでほしい。ヨハネの手紙 第一4章4節には「あなたがたのうちにおられる方は、この世にいる者よりも偉大だからです」とある。この箇所はぜひ覚えておいてほしい。もう一つ。嫌なことが起こるたびに「サタンの仕業だ」などと思い込まないように。朝、さあこれからマイカーで出勤だ、でもエンジンがかからない、なんてときに「サタンをエンジンルームから追い出さなくちゃ」とは思わないだろう。必要なのはブースターケーブルだ。ただのバッテリー切れなのだから。

とはいえ、この世は「中立」とばかりに、見たくないものは見ないで生きていくというわけにもいかない。「敵」は確かにいて、あなたの心に有害な思いを植えつける。最終目的はあなたを破滅させること。その目的の達成のために利用されるのが、止めどない思考だ。ハーフタイムに「調整」が必要なのは、こういうわけなのだ。

「釣り」に注意

最初だけだが、「罪」のなんと魅力的なことか。助けられることさえある。困難に直面しているときは、うまい話を解決策だと信じたくなってしまう。しかし警戒せねば。

エゼキエル書28章12〜17節によると、サタンはもともと高位の天使だったが、神に反逆したせいで天から追放された。イザヤ書14章12節ではこれを「天から落ちた星」と表現している。決して甘く見てはいけない存在だ。その本質は人間を騙し、間違った方向へ向かわせること。創世記3章1節では「ほかのどれよりも賢かった」と記されている。狡くて嘘つきで、人を騙すのに長けているということだ。「霊的ペテン師」といったところか。最初のうちは手口を隠しているので、こっちが気づいたときにはたいていもう負けている。

「誘惑する者」は私たちの人生に真正面から入って来て「ぶっ殺す」なんて言わない。最愛のパートナーに去られて独り暮らしをしている、今から一年半後のあなたの姿を見せたり、あなたの人生を破滅させる段階的な計画をわかりやすいパワーポイントのスライドにして見せたりはしない。そのかわり裏口から入って来る。そしてあなたをおびき寄せ、気を引くのだ。魚釣りのように。

あなたはボートに飛び乗って、湖の真ん中あたりまで漕いで、すかさずメガホンを取り出す‥

「みんな、ちょっといいかい！　ねえ、魚くんたち！　よく聞いて！　これから、とても鋭い釣り針をそっちに投げるからな。食らいついてくれよ。そうしたら思い切り釣り糸を引いて、巻き上げて、プライヤーで釣り針を引っこ抜く。釣り糸には返しがついているから、口の中が悲惨なことになりそうだよ。で、君たちをクーラーボックスに放り込む。岸に戻ったら、うろこを落として、さばいて、バターで炒めるよ。何か質問は？　さあ、やるぞ！」

ないない。魚を釣るときは、もっと頭を使うだろう。気温や風速、水面のチェックをしたり、釣り仲間と相談しながら釣り場や目的の魚に適したルアーを道具箱の中から選んだりするだろう。釣り針は目立たないし、そんなに怖そうには見えない。ルアーは明るい色でキラキラしている。回転するやつもある。そして「タダのランチだよ！」とか「こっちに超いいものがあるよ！」などとアピールする。釣り人は魚を引きつけ、欲しいものをチラつかせて、じらす。魚が目と口を大きく開けて魅力的なルアーを追いかけたくなるようにする必要があるのだ。釣り針を前面に出すことなんてしない。見せるのはご褒美だ。「大物」を釣り上げるために。

釣り竿を握っているのが「**誘惑する者**」だ。そのルアーに、私たちは常に警戒せねばならない。誘惑や有害な思考がやってくると、そんなに悪いものには見えない――最初のうちは。初めは何かよいことを約束してくれるように見える。罪が解決策や安心感を与えてくれる。落ち込んでいるときは罪が励ましてくれる。どん詰まりのときは罪が逃げ道を示してくれる。惨めなときは罪が慰めてくれる。激怒しているときは罪が「完全な正義」をもたらしてくれる。孤独なときは罪が親友になってくれる。

それらは全て嘘だ。

みんな見せかけの「よいもの」だ。偽の解決法、安心感、慰め、正義、そして仲間意識。これら全部に、意味などない。罪はあなたの相棒にも親友にもなれない。あなたの側についていない。味方なんかじゃない。魔法の秘薬でもない。そうラベルには書いてあるかもしれないけれど。罪は蜃気楼みたいなものだ。大げさに約束しておきながら、叶うことは何もない。

「**敵**」はあなたを魅了し、嘘をついてあなたの人生に割り込んでくる。実現できないことを約束する。神の真理に対抗し、神の性質や意思を攻撃してくる。そしてこんなことを言う。神はお前に隠し事をしている――神なんて信用できないぞ。蛇はエバにささやいた。この木の実を食べれば目が開かれ、神のようになれるぞ。「**敵**」は人間の根源的欲求につけ込む。誰だって受け入れられたい。自己肯定感や満足感、達成感も必要だ。幸せにだってなりたい。「**敵**」は常に嘘というルアーを投げてくる：ねえ、必要なものはこれでしょ？　一口どう？　幸せになる資格があるんだから。

同時に、周りの人を利用して選択を急かすこともある。だからどんな人たちとつき合うか選ばなくてはいけない。何かバカなことをするとき、友人たちにのせられてやってしまうことがよくあるからだ。エレベーターに乗り合わせた人がまずかったなんてこともあるかもしれない。あなたを信仰から離し、挫折の底まで引きずり込もうとする人もいるかもしれない。道連れの仲間を求めて。人生がうまくいっていない人ほど、近くにいる人間にも失敗してほしいなどと思うものだ。他人に成功してほしくないのだ。

これらの嘘に騙されてはいけない。ルアーを追いかけてはダメだ。敵を食卓に着かせてはいけない。

ルアーの接近

ここで明確にしておきたい。よからぬ考えや誘惑の言葉が最初に心に入ってきた時点で「罪」なのではない。それ自体としては。イエスだって誘惑された。「**敵**」は独自のやり方で有害な思考を送りつけてくる。マタイの福音書4章1~11節ではイエスが荒野で「悪魔の試み」に遭うが、イエスは数々の甘い言葉をことごとく拒否した。有害で誘惑的な思考が入ってきたとき、それをはねつけるか、のせられてしまうか、自分で選べるのだ。払いのけられればいい。できなかったら「**敵**」が食卓に着くのを許すことになる。害になる思考が心に居座るのを放置して定着させてしまうと、それが罪の行動を引き起こす原因となる。

イエスはこれを山上の説教で説いた。不健全な思いを抱くことは誰にだってある。実際に行動に移すわけではないにしても、だ。何も問題ないはずだった。しかしマタイの福音書5章21～22節、27～28節で、イエスは一喝するのだ。ちょっといいかな。イエスは言う。実際に人殺しをしたわけじゃないから問題ない、と思っているみたいだけど、どうかな？ もし誰かを殺してやりたいほど憎んでいるとしたら……それは殺人級に悪いことだ。既婚者と実際に寝たわけじゃないからいいだろうと思っているかもしれないけど、どうだろう？ 不倫の妄想を抱くのだって、いけないことでしょう。心の中でその人に対して罪を犯しているのと同じだよ。

良からぬ思いを心に抱くのは、実際の行動に出るのと同じくらい悪いことなのだ。ここは大切なところだ。たとえ罪深いことでも、行動を伴わなければ、思うだけなら別にいいだろうと私たちは安易に考えがちだ。しかし現実は、そのような思考は、それだけであなたを神の栄光から遠ざけるものだ。罪の思いは私たちと主との関係を汚す。心を覆い、道を踏み外すよう仕向ける。ローマ人への手紙12章2節には厳しい警告がある。「この世と調子を合わせてはいけません。むしろ、心を新たにすることで、自分を変えていただきなさい。そうすれば、神のみこころは何か、すなわち、何が良いことで、神に喜ばれ、完全であるのかを見分けるようになります」（強調ケン点は著者）。

恐るべき現実はこうだ：心に有害な思考が棲みつくのを一旦許してしまうと、いずれはそれが「**発動**」する。

こうなったら最後。

有害な思考が必ずしも有害な行動につながるわけではない、と言って譲らない人もいる。だが私はそうは思わない。人の行動の源泉をたどると、行きつくところは思考だ。よからぬ思いを長いこと心に抱き続けていると、行動に出てしまうものだ。そうした思いは捨てないといけない。ずっと放置しておくと、あなたの心の中のたたかいに勝つのは「**敵**」のほうになってしまう。

心の中の有害な思いを実際にしてしまったり、犯す罪の種類が変わったりすることもある。そして罪を犯すことにだんだん慣れてくる。いずれにしても、こうした思考によって私たちはマイナスの影響を受けやすくなる。例えば不倫についてあれこれ考えていれば、そのうち実行に移すようになるだろう。あるいは、自分が不倫するところをしょっちゅう想像していたら、不倫はそんなに悪いことではないと思うようになるだろう。不倫はいいもの、新たな世界の始まり、不満ある結婚生活の解決策。これらは全部嘘だ。

だから「**敵**」のルアーは危険なのだ。たいてい、罪はいい気分にさせてくれる。でも長くは続かない。教会でこの話題は避けられがちだが、言わないわけにはいかない。「**敵**」の魂胆に気づけるようになるためだ。罪は楽しい。少なくとも、最初のうちだけは。箴言14章12～13節は、はっきりと次のように語っている。「人の目にはまっすぐに見えるが、その終わりが死となる道がある。笑う時にも心は痛み、その終わりには、喜びが悲しみとなる」。賛成してくれるかな？　箴言のこの箇所は、よくある週末みたいに聞こえるかもしれない。あーあ、めいいっぱい楽しんで、最高の時間を過ごしたけど、翌朝の気分ときたら、なんて惨めなんだろう。

モーセは、ファラオの娘の息子として育てられた。エジプトの宮殿で何不自由なく暮らしていたが、ヘブル人への手紙11章25節には「はかない罪の楽しみにふけるよりも……」とある。モーセは違う道を選んだのだ。罪の快楽は楽しいものだ。でも長くは続かないし、その行為は神に背くことだ。罪深い楽しみが安らぎや満足感をもたらすことはない。害を及ぼし、別離や落胆、恥辱を招くだけだ。

おわかりいただけただろうか。「**誘惑する者**」は魅惑的なものを見せ、あなたがそれに食らいつくようにする。しかし中身は予想とは違う。その代わりに待っているのは恥、別離、破滅という負のスパイラルだ。

罪は何も解決しない

教会に行くと罪悪感をかきたてられるから行きたくない、という人がいる。しかし実際は、牧師に言われたからとかではなく、自分たち自身でそう思っているだけなのだ。神に近づくよう人間は造られたのに、自分は失敗作だなんて思ったら魂に悪影響が及ぶ。罪を犯すと挫折感や罪悪感を覚えるばかりか、自分が恥ずかしく思えてくる。それは神の望む、本来の人間の有りようではないからだ。そうした負の感情は自分自身の中にある。歯ぎしりしながら「ああ、なんでまたやってしまったんだろう。なんでまたあそこに行ってしまったんだろう」なんて思うことはよくある。

こうして、あの厄介なスパイラルが作動する。まず喪失感のようなものがあり、あれこれ悩まされる。気分が落ち込む。そして慰めを求める。いっぽう「敵」は近くにいて、素早く行動する。蛇が勧めてきた「禁断の果実」を見つけた。たしかによいものに見える。しばし考える。そもそも神は一体なぜこの木の実のことを、もったいぶっていたのだろう？　しょせん人間のことなんか愛していないのかもしれない。それなら自分たちで判断して決めよう。一口食べてみよう。うん、美味しいな。でもそれは長続きしなかった。ひとかじりの実は食道を通っていく。そして、ふと気づく。自分たちは裸だった。恥ずかしい。なんてことをしてしまったのだ。

というわけで、最初のところに戻ってきた。喪失感の後に苦悩があり、落胆に終わる。一時だけかもしれないが惨めさに加えて恥ずかしさもある。気分は以前よりも悪くなった。

このパターンについて、はっきり言おう。気分が「下がって」いるときに気分を「上げ」ようとして罪を犯しても、どんな痛みが今あるにせよ、翌朝それが消えることはなく、むしろ悪くなる。例えば上司に散々な評価をされたら傷つくが、酒を飲んだところでどうにかなるだろうか？　翌朝出社すればその悪い評価による傷はそのままなのに、二日酔いで最悪の頭痛がそこに加わるのだ。

すでにひどい状態なのに、負のスパイラルにはまだ続きがある。私たちを罪により惨めで恥ずかしい気分にさせることに成功するや「**敵**」は戦術を変えてくる。これまではずっと耳元で、これを見てごらん。さあお食べ。美味しそうでしょ？　神が与えてくれなかった木の実だ。食べるな、とは言ってなかったよ。約束する。これを食べれば問題が解決するよ、などとささやいていた。ところが、いざあなたが木の実を食べて罪悪感、恥辱感、失望を経験すると手のひらを返す。誘惑し約束しておきながら、こんどはあなたを責め、糾弾してくるのだ。

非難はいよいよ強くなる。一番バカなのはお前だ。ダメなクリスチャンの見本みたいな奴。何をやってもうまくいかないクリスチャンがいるとしたら、お前がまさにそれだ。希望も何もない。完全な失敗作。今度こそやらかしてくれたね。神はお前なんか嫌いだし、腹を立ててもいる。バカな奴。もうこんなところまで来ちゃったから、後戻りはできないよ。自分が何をしたか、巻き戻して一緒に見てみようじゃないか。お前の哀れな姿、メチャクチャ面白いよ。

このように責められても何もしない人があまりにも多い。悪いことをした自覚はあるので、「敵」と取引したことに（独り言で）文句を言う程度だろう。これでは、甘い言葉で釣っておきながら今や私たちを責めたて、潰しにかかっている「敵」に賛同しているのも同然だ。こうなるのはわかっていた。またやってしまった。わかってるよ。自分が哀れなのはわかってる……

そうではなく、こう叫ぶべきだ。「うるさい！　それが最高だと強く勧めてきたのはそっちだろ！　もうおさらばだ。たとえ過ちを犯しても自分は神の子ども、神の被造物であることには変わりはない」。「敵」はとどめの一撃として、罪を犯したあなたを糾弾する。それがピークに達すると次は決めつけにかかる。お前はちっぽけな存在。もう終わり。完全にダメ。もはや何の価値もない。建物を解体するときはその前にまず無用な状態にされるが、それと同じだ。

これが「敵」があなたにしたいことだ。あなたを叩き潰したい。責めたて、地獄に引きずり下ろして、破滅させたい。ちっぽけでひ弱なクリスチャンがまた罪をやらかしたぞ、とつぶやきながら「敵」はもみ手をしながらほくそ笑む。さあ、解体してやるから鉄球を持ってこい。

でも、グッドニュースがある。「敵」と神の行いには大きな違いがある。ただ非難するのが「敵」ならば、神はあなたに罪を認めさせようとする。この二つのあいだには雲泥の差がある。非難は「敵」の悪意から生じる。しかし神は、人間への愛があるからこそ、あくまで悪いことは悪いとするのだ。

違いをしっかり見分ける

私たちが罪を犯し苦しんでいるとき、神は「中立的」ではいられない。至らないところがあれば、神は私たちにそれをわからせないといけない。でも、それも愛があってのことだ。さもないと私たちは同じ失敗を繰り返しかねない。思考パターンを変えたくて悔い改めが必要だと感じるとき、その思いは神があなたに送っているものだ。神はあなたを呼び戻したいのだ。でも、もし自分のことを無価値とか、もうダメだとか終わりだとか、希望ゼロな完全失敗作などと思っているとしたら、そうした思いは「**敵**」から来ている。だから注意して、「声」をちゃんと聞き分けられるようにならないといけない。二種類の「声」を比較してみよう：

罪悪感により責められていると感じる。
神の愛によって罪を認めさせられる。

責められて、罪を隠したくなる。
罪を認めさせられて、罪を告白したくなる。

責められて、後悔する（自分のしたことで気が滅入る）。
罪を認めさせられて、悔い改めたくなる（違う方向へ進もうとする）。
責められて「再出発」する。
罪を認めさせられて、神に「完全降伏」する。
責められて、将来また同じ失敗を繰り返す。
罪を認めさせられて、真の意味での変化が起こる。

私になじみのある教会の文化において、やり直しの「再出発」をするのはよくあることだった。あなたもそうかもしれない。何の話かよくわからない人のために、青少年のキャンプや教会の集まりでありがちなことを挙げてみたい。牧師のメッセージが終わると、音楽が始まり、歌を歌う。誰でも救いの道に招かれていると牧師は言い、しばし待つ。誰も前に出なかったら、歌と音楽はそのまま続き、牧師が今度は人生で神に向かって「再出発」したい者はいないか、いたら前に出るように言う。たいてい二、三人が名乗りを上げる。キャンプ四日目の夜。檀上は感極まった人たちでいっぱいだ。

牧師は善意のつもりでやっている。道を踏み外すなんて誰にでもあることだとわかっている、やり直しの機会が神の愛によって与えられると。堕落しても、必ず希望はあると。神に立ち返ることができると。キャンプの集会で最前列にいて「再出発」の表明のため前に歩み出た人たちは神の慈悲にあずかったのだと。キリスト者でも罪を犯し、神の栄光からこぼれ落ちる。でも悔い改めればやり直せる。めでたし、めでたし。

しかし、私はあまりこういうのは好きではない。なぜか？　それは私自身、神に「これが最後です」と言っておきながらそれを守れなかったことが何度もあるからだ。その時は自分の人生を変える強さを得ているような気分になっていた。それだけだ。キャンプを主催した教会の集会に通っていたとき、青年会に参加して、リトリートにもたびたび出かけたことがある。過去に犯した罪を紙に書いてキャンプの焚き火の中に投げ入れたり、用意されている十字架に釘で打ちつけたり、砂の上に棒で線を引いてその棒を折ったりした。イエスが罪のくびきを切ったように。

責められている感覚は同じ失敗を招く。神に罪を認めさせられること。真の変化は、その後に起こる。

似たような経験があるだろうか？　リトリートや大きな集会ではなくても、一人で神にひざまずいて「主よ、今回ゆるしてくだされば、絶対にこんなこと、もう二度としないと約束します」と言ったことはあるかもしれない。それで、ほっと一息。ふう、やり直そうと決心したぞ。しかし翌週、同じことを繰り返す。「神さますみません、前回もう二度とやらないって言ったけど、えぇっと、やっちゃいました。でも今はいろいろと違うんです。約束します。今度こそ本気です。もう一回ゆるしてくれるなら、これを最後にすると誓います」などと言う。

教会の慣習の悪口を言いたいのではない。私だってその中で育ったのだから。でも、この「再出発」というものについて、現実をしっかり、時間をかけて検証する必要があると私はあえて言いたい。同じことの繰り返しに陥りやすいからだ。罪を犯した後に「これから変わる」とあなたは約束する。歯ぎしりしながら神のゆるしを乞う。そして次回から変わると言う。でも、また転んでしまう。立ち上がり埃をはらって、前と同じように罪を告白し、心を入れ替えて人生やり直すと言う。約束します。誓います。本当です。今度こそ。嘘じゃありません、神さま。これが最後です。本当ですってば！

「再出発」はたいてい「二度と罪を犯しません」という無理な約束を伴う。生活を改善できるか否かは各自の努力次第。そこに大きな問題があるのだ。まず誓いを立てる。どこそこを変えます、と約束する。なのに、ごめんなさい。約束は本気だったけど、長続きするほどのものではなかった。これには大きな危険がある：「再出発」を何度も繰り返してたどり着く先は絶望だからだ。しまいには、こう結論づけてしまう。結局何も変わらないじゃないか。福音書に問題があるはずだ。あるいは俺たちのどこかがおかしいに違いない。

これであまりにも多くのクリスチャンがクリスチャンをやめたくなってしまうのだ。信仰なんて何の役にも立たなかったから、そんなもの棄ててしまおう。信じたのに私は変われなかった。神さまなんて、もうどうでもいい。スパイラルの底で私たちは弱く傷つきやすくなり、疎外感を抱くようになる。虚しい気分になり、やけくそになる。内向きになる。人づきあいを避け、神を避ける。漠然とした（そしてありきたりな）目標は偽りの希望でしかなく、結局は神にとって自分は透明人間みたいな存在でしかない、などと思ってしまう。エデンの園を「そよ風の吹くころ、歩き回っていた」神は、かつてそうしていたように、人間と語らうことを求めている。それなのに私たちは自分自身を覆い隠し、自身の弱さから神を避けようとしている。神が指し示す方向とは逆の方向を歩いている。

逃げ隠れするのは、一番やってはいけないことの一つだ。神から隠れるのは「**敵**」のまた新たな策略に引っかかることだ。この時点で「**敵**」は食卓であなたの食事をほとんどたいらげてしまった。感情、人間関係、心の「栄養不良」や「飢餓状態」のあらゆる症状が出ている段階かもしれない。こんな状態に陥るそもそもの原因となった、切望するものが得られないつらさに再びさらされる。愛や平安、他者からの理解を必要とするのが人間というものだ。自分の人生に価値や意味、目的を見出し、達成感を得たいと願う。元の場所に戻ってしまった。「**敵**」がキラキラ光るルアーをあなたの前に投げて甘言《かんげん》を吐くのはこのときだ。さあて、お楽しみが必要なときじゃないか？

前回ここを通ったとき、どれだけいい思いをしたか覚えているよな？　束の間ではあったけどね。もう一回やろう。

また同じ、害をもたらす思考が心の中に棲みつこうとする。誘いに乗ってはいけない。後でまた「再出発」しても何の解決にもならない。

解決策は「完全降伏」だ。

つまり、神に身を委ねること。「神よ、この状態を変えることは私にはできません。でも主イエス、あなたならできます。もう逃げ隠れしません。心を開いて、あなたからの愛、この問題への答え、聖霊による吟味と元に戻るための助けを受け入れます。主そして主の導きに従います。十字架によってみわざは成し遂げられました。あなたは最後に勝ったのです。私には残されているたたかいがあるかもしれませんが、向こう岸に勝利の足掛かりをあなたが用意してくれた。あなたの勝利を励みに、私は前へ進むことができます。心を開いて、主イエスこそ私の人生を変える存在であることを受け入れます。神があなたを復活させたときの力を信じて祈ります。必要なのは、その力です。自分の人生、そして今この問題を、あなたに委ねます」という「降参」だ。

イエスを復活させた力がはたらくときが、神が私たちを勝利に招くときだ。これはとてつもないグッドニュースだ！　誘惑と罪のスパイラルを断ち切ることをイエスが可能にしてくれた。これはコリント人への手紙 第一10章12〜13節で約束されている。「あなたがたが経験した試練はみな、人の知らないものではありません。神は真実な方です。あなたがたを耐えられない試練にあわせることはなさいません。むしろ、耐えられるように、試練とともに脱出の道も備えていてくださいます」とある通りだ。

しばし思いをめぐらせてみよう。

神は・脱出の道を・用意してくれている。

この真実は絶対に揺らがない。全能なる神があなたに約束していることだ。もう「敵」を食卓に着かせない。勝利の人生を歩もう。私たちは勝てる。心の中のたたかいに。

第6章　真の自由を得る

沼地を歩いているところを想像してみよう。歩きづらい。完全に独りぼっち。危険な動物などいないか警戒するが、土砂のたまり場のようなところに足を踏み入れたことには気づかない。足を動かすと地面がスポンジのように感じられる。進もうとするが、急に身動きがとれなくなる。

そこは底なし沼だった。もう膝まで浸かっている。

ドロドロの中、身体が沈む。抜け出せない。とてもゆっくりとだが、下がっていく。助けを求めて叫ぶが、辺りには誰もいない。脱出しようとしても近くにつかまるものがなくて身体を引き上げることができない。必死でもがく。濡れた砂を相手に苦闘するが、すぐに手に負えなくなり再び沈み始める。はまってしまった。完全にパニック状態だ。

一時間が経過した。二時間、そしてさらに時間が過ぎていく。頭上から太陽がじりじりと照りつける。諦めないと誓ったものの、だんだん疲れてくる。もがけばもがくほど沈んでいく。必死になるとかえって沈むというのは聞いたことがあるので動かないよう努力するものの、あらゆる本能がこれを拒否する。ジタバタして、何でもいいからつかもうとする。湿った砂粒で皮膚が擦れる。もう腰まで浸かってしまった。身体はすっかり底なし沼に捕らわれている。そこからまた時間がどんどん経過する。ついに胸まで沈んでしまった。もう脱出する気力はないに等しい。少しも動けないのだから。

ここで、底なし沼に関する驚くべき事実を伝えておこう。物理の話だ。砂や泥の流動性と圧力の分散の関係で、足をとらえた砂の粒子は粘性を増して互いにくっつき合うようになる。この時点でそんなに深くは沈まない。この現象は「フォースチェーン[1]」と呼ばれていて、映画などでよく見るようにいきなり頭まですっぽり吸い込まれることはない。実際はもがけばもがくほど深く沈むようになる。下手すると死ぬこともある。しかしここまでの説明で想像できたと思うが、沈んで窒息死することは稀なのだ。その場で動けず外部要因にさらされ、消耗して力尽きて死ぬ。

逃げようとして自分自身を擦り減らして死んでしまうのだ。

罪とのたたかいでも同じことが言える。「どれも選びたくない選択肢」の中で四苦八苦する人は多い。底なし沼に足をとられたように、何年も罪と誘惑のスパイラルと悪戦苦闘するが、さらに沈んでいくだけ。いくらがんばってもしっかりした足場を得られない。パニックになり、やけくそになり、心が疲弊してしまう。何をやっても自分の力ではどうにもならないような状況だ。そして諦めの境地に達する。力尽きる一歩手前だ。こんなとき、どうする？

ダメだ。罪という名の底なし沼に飲み込まれてはいけない。

義に包まれ、キリストを着て、守られ、新しくなる

あなたはすでに、キリストの名によって勝利を手にしている。これはただの牧師の説教でも、教会の決めゼリフでもない。イエスはすでに勝っている。イエスは「神の御座《みざ》の右に着座」している（ヘブル人への手紙12章2節）。永遠の場所に座したイエスは、罪とたたかう目的で地上に戻ることはない。戻るときは、究極の勝利者として、だ。イエスは罪に対してはすでに勝っているので、あなたもこの勝利にあずかることができる。「新しいアイデンティティ」を得て生きるようになったあなたは、罪の底なし沼から救出されたのだ。もう罪や誘惑、悪い思考に足を引っ張られなくてもいい。キリスト、そしてその勝利にしっかりつながることで、自由に生きる力を得ることができる。

つまり、心の中のたたかいに勝つのは、状況が変わって悩みごとが消えるから、ではない。詩編23編4～5節をこれまで見てきた通りだ。生きていればこれからも困難の「谷」の中を通らなきゃいけない場面はまだあるだろう。この先も食卓の周りには「敵」がいる。問題がなくなるから勝つのではない。そうではなく、「死の陰の谷」を一緒に歩いてくれる存在、逆境の中でも食卓を共に囲んでいる存在があってこそ、たたかいに勝つことができるのだ。

これが一体どのようにキリストと、その勝利に関係があるのだろうか？　一緒に紐《ひもと》いてみよう。コリント人への手紙 第二5章17節で、私たちは「キリストのうちにある」そして「新しく造られた者」、さらにガラテヤ人への手紙3章26～28節では「キリストを着た」とされている。つまりイエスは、私たちを全く新しい、キリストの義にすっぽりと「包まれた」存在にしてくれる、ということだ。コロサイ人への手紙3章3節では、私たちのいのちは「キリストとともに神のうちに隠されている」とも語られている。家の中に隠し部屋があると想像してみよう。あるいはコートの中の隠しポケットでもいい。そこに何かを入れると、ただ隠されるだけではなく、安全になる。新しくされた義は一過性のものではない。守られていて、安全だ。頭と心に刻んで、信じてほしい。自分は新しく造られたのだと。あなたの義は、キリストが守ってくれていると。

まだある。エペソ人への手紙2章6節には「神はまた、キリスト・イエスにあって、私たちをともによみがえらせ、ともに天上《てんじょう》に座《すわ》らせてくださいました」とある。これは、私たちもキリストにつながり勝利にあずかっている、という意味だ。キリストが墓からよみがえったとき、私たちも一緒によみがえったのだ。私たちはそこまで密接にキリストにつながっている。イエスが何に勝利しても、それは私たちの勝利でもある。全能なる神が受肉し、私たちの罪を、その重みの全てを十字架上で引き受けた。イエスは苦しみ息絶えたが、復活した。たたかいに勝利したのだ。コリント人への手紙 第一15章57節には「神に感謝します。神は、私たちの主イエス・キリストによって、私たちに勝利を与えてくださいました」とある。頭と心にしっかり刻んでほしい。キリストにあって勝利している自分自身を見てほしい。

「**悪魔のささやき**」に脅かされたら、まず視点を変えてみることだ。自由はそこから始まる。この先も罪と誘惑の底なし沼の中でもがきながら生きていくのではなく、考え方を変えるのだ。心にある思いに責任を持って、「私はキリストの内に、キリストは私の内にいる。私は完全に新しくされた。キリストは勝者。イエスの全ての勝利と共に歩む自分の姿を思い描く」と宣言するのだ。

このように物の見方が一新されると、神が信頼できる存在だということに気づかされる。これからも、何度もこの真実を思い出すことになるだろう。繰り返しそうしているうちに、これまで失敗の原因になっていた古い思考パターンに変化が表れてくる。罪で行き詰まることはもうなくなる。神は私たちを見放さない。誘惑からの逃げ道を約束している。その通り、脱出できるのだ。今も、そしてこの先も。闇に包まれた「谷」の中を通り抜けられる。「敵」が存在しているところでも大丈夫だ。そして、自分は神に何を期待されているかについて、これまでとは違う見方ができるようになる。ヨハネの手紙 第一5章4節には「神から生まれた者はみな、世に勝つからです。私たちの信仰、これこそ、世に打ち勝った勝利です」と書いてある。

「敵」を食卓に座らせないようにするにはどうすればいいだろうか？　まずは、自分が何者なのかを確認するところから始めよう。あなたの悩みについては、イエスがすでに勝利していることを思い出そう。イエスにつながっているということは、それだけですでに強力な後ろ盾を得たも同然なのだ。イエスの勝利は、あなたの勝利。あなたはキリストの内に、キリストはあなたの内にいる。あなたもイエスが手にした勝利にあずかることができる。いま、ここで。罪とのたたかいは、努力だけでどうにかなるものではない。あなたは神が持つ、とてつもなく大きくて全能の「復活の力」（ピリピ人への手紙3章10節）にアクセス可能なのだ。これこそが、先に少しふれた、変わるための原動力になる。

神学的な言い回しで納得させられている気分になったかもしれないが、これは実はややこしい話ではない。要するに神は「真実な存在」である、ということだ。コリント人への手紙 第一10

章13節を再び見てみよう。「あなたがたが経験した試練はみな、人の知らないものではありません。神は真実な方です。あなたがたを耐えられない試練にあわせることはなさいません。むしろ、耐えられるように、試練とともに脱出の道も備えていてくださいます」（強調は著者）。単純明快なことだ。もう一度その節を読んでみよう。

神は真実な方。

神を砦《とりで》とするなら、神は必ず脱出の道を用意してくれる。

聖人：（ここにあなたの名前）

さらに応用してみよう。誘惑に直面することは、閉じている大きなドアを見つめているようなものだ。ドアに鍵はかかっておらず、その先には「罪（罠《わな》）」――あなたの人生を狂わすもの――がある。神を信じる者の多くが、その大きなドアを、自分は我慢できずに開けてしまうだろうな、と思いながら見ている。誘惑の扉と分かっていながら、扉を開けて中を通ってしまおうと思ったり、そうするしかない、とさえ感じたりする。それは間違いだ。その背後にあるのは、アイデンティティにまつわる現代の教会の教えに問題があることが挙げられる。

重要な啓示がある。私たちは「神の愛で救われる罪人」というだけではない。誤解があるようだから、ここで考え方を改めないといけない。私たちは、他の無力な人たちを助ける、同じように（自分たちも）無力な者だとか、神に対しこっちからできることは何もない小さな存在だとか、教会で言われることがあるが、これらは出発点ではあるものの、私たちはそれだけの存在ではない。それらは真のアイデンティティではない。この話には先があるのだ。キリストの内にいるなら、私たちはただの罪人の群れではない。にもかかわらず、困ったことに、今やあまりにも多くの教会でこうした話（バリエーションはいろいろあるが）を耳にする。

こんにちは、今日はようこそ教会へおいでくださいました。喜んで歓迎します。どうぞ座って、今日の集会を楽しんでいってください。あなたがたは罪人であることをお忘れなく――それが人間というものです。イエスさまのもとに手ぶらで来ました。人間とはそういうものです。ぼろ切れにしがみついているだけ。ちっぽけな存在なのです。哀れで、ずるくて、ひねくれていて、汚れていて、何の役にも立たない。いつも神さまに反抗的で、何の価値もないのです。神の愛によってしか救われない、ただの罪人なのです。それを一瞬でも忘れたら……ほら、昨日犯した罪を思い出してください。今日も罪を犯しました。明日もそうでしょう。今朝、罪を犯しましたよね。昨夜も、ちょっと前も。これが私たち人間なのです。ひとこと祈ります。さて、それでは皆さん立って、歌いましょう。また来週の日曜日に。

敬虔かつ謙虚に聞こえるが、これはまるっきりでたらめだ。「アイデンティティ神学」としてはあまりに酷い。そんな教えを聞いたら「うーん、たしかにそうかもしれないね」などとぼやきながら認めるしかなくなってしまう。それでさっきの大きな「誘惑のドア」へ行く。もはや開ける以外の選択肢はない。だって、それが人間というものなんでしょ？　ドアの向こうで罪にどっぷり浸かってやろうじゃないの。だって、それも福音の話の一部なんでしょ、といった具合だ。

「誘惑のドア」の近くまで来たら――ここは特に念を押しておきたいのだが――エペソ人への手紙2章8～9節（事実、あなたがたは、恵みにより、信仰によって救われました。このことは、自らの力によるのではなく、神の賜物です。行いによるのではありません。それは、だれも誇ることがないためなのです。新共同訳）とコリント人への手紙 第二5章17節（ですから、だれでもキリストのうちにあるなら、その人は新しく造られた者です。古いものは過ぎ去って、見よ、すべてが新しくなりました。）を自分に言い聞かせてほしい。それが福音の全容だ。神の恵みによる救いは最初にあって、このときすでに「罪人」は過去のものになっている。それがエペソ人への手紙2章8～9節の主旨だ。しかし、そこで終わりではない。あなたはもう「罪人居住区」の住人ではない。罪人だったが恵みによって救われ、新しく造られた者、というのが新しいアイデンティティなのだから。コリント人への手紙第二5章17節に書いてある通り、古いものは過ぎ去り、すべてが新しくなった。生まれ変わり、全く新しい人生を生きる。イエス・キリストにあって、救われる前と後のあなたは別人なのだ。

クリスチャンはよくエレミヤ書17章9節を引き合いにする。「ほら見て。ここに『人の心は何よりもねじ曲がっている』と書いてある。『癒しがたい』だって。人間は絶望的に性悪らしい。

ということは自分もそうか。それが俺。心はねじ曲がっていて、治らないほどの性悪なんだ」。

ここで見落とされがちな点がある。この節が説明しているのは「まだ新しくされていない心」つまり神からまだ遠く離れている心のことなのだ。でもイエスの到来が新しい時代の幕開けとなった。キリスト者となった後も罪を犯す余地はあるが、それでも私たちはイエスによって新しく造られたことには変わりない。エゼキエル書36章26節で神は「あなたがたに新しい心を与え、あなたがたのうちに新しい霊を与える。わたしはあなたがたのからだから石の心を取り除き、あなたがたに肉の心を与える」と語っている。癒しがたいほどねじ曲がった不正直な心は、もう過去のものになったという意味だ。

このあたりは混乱しやすい。新しく生まれても、私たちはまだ罪を犯してしまうことがあるからだ。教会で言われなくても自分でよくわかっているはず。しかし、それでも「罪人」はもうアイデンティティではないのだ、と繰り返し自分たちに言い聞かせる必要がある。「誘惑のドア」の前で思い出さなくてはいけない。私たちはキリストと共に十字架につけられたのだから、かつての生き方に戻らなくたっていい、ということを。

あなたは今、信仰によって新しくなった人生を生きている。「キリストが私のうちに生きておられるのです」とガラテヤ人への手紙2章20節に書いてある通りだ。キリスト者になった時、あなたはキリスト・イエスにつくバプテスマを受けたのだ。つまり死んで、埋められ、よみがえったイエスと同一のものとされる。キリストが神の栄光により死者の中からよみがえったように、あなたも「新しいいのちに歩む」(ローマ人への手紙6章4節)。それが今のあなたなのだ！　もう「誘惑のドア」なんか開けなくたっていい。

要するに自分は聖人だと思えばよいのだ。聖書だって私たちは「**聖なる者**」だと言っている。[2]驚いたかな？　これを聞くなり、ありえない。うちのおばあちゃんなら聖人かも。でも私はどうかな？　それはかなりアヤシイ、なんて思うかもしれないが、本当だ。聖書の中で私たちはそう呼ばれている。聖人というのは、シンプルに「聖なる者」という意味だ。キリスト者を「聖なる者」と呼んでいる箇所が新約聖書には四〇以上ある。キリストにあって、私たちは過去、現在、そして未来の罪をも赦されているのだ。神の前に義とされている。イエス・キリストの義をまとっているのだ。「誘惑のドア」を開けて中を通り抜けなくていい。あなたは聖人なのだから。

脱出の道は常にある

もう質問が聞こえてきたぞ。こんな感じかな。うーん。でもねルイ、パウロはどうなのよ？　テモテへの手紙 第一 1章15節に「『キリスト・イエスは罪人を救うために世に来られた』ということばは真実であり、そのまま受け入れるに値するものです。私はその罪人のかしらです」と書いてあるよ。偉大な信徒、パウロですら自分のことを「罪人のかしら」なんて呼んだのだから、自分なんて一体どうなるの？

この箇所を理解するには、視野を広げないといけない。それはパウロのアイデンティティではなかったのだ。パウロが言いたかったのはこうだ。神の愛なしにはどうにもならなかった者を並べるなら、リストの一番上に来るべきなのは、この私。神の愛で罪をおおってもらう必要がある人間といったら、まずは私です。

パウロの宣言はローマ人への手紙6章1〜2節で完成度を増す。パウロは問うのだ。「それでは、どのように言うべきでしょうか。恵みが増し加わるために、私たちは罪にとどまるべきでしょうか。決してそんなことはありません。罪に対して死んだ私たちが、どうしてなおも罪のうちに生きていられるでしょうか」と。

けっこう強い口調だ。「決してそんなことはありません」とは！　パウロはこの現実的な問題に対して厳しかった。これからもずっと「誘惑のドア」を開けて中を通るのか、とパウロは問う。何度も何度も。それで、そのつど神の大いなる恵みをもらえればいいと？　私たちはそういう生き方しかできないのか？　もっと罪、もっと恵み、さらに罪、さらに恵み、の繰り返し？　違うでしょう！　パウロは叫ぶ。自問自答する。「決してそんなことはありません！」そしてさらに続ける。「私たちは、キリストの死にあずかるバプテスマによって、キリストとともに葬られたのです。それは、ちょうどキリストが御父の栄光によって死者の中からよみがえられたように、私たちも、新しいいのちに歩むためです」（ローマ人への手紙6章4節）。ここから「勝利」が始まる：自分は新しく造られた者だという真実に浸かること。あなたはもう罪の奴隷ではない。神は脱出の道を用意してくれる。あなたはキリストの勝利にあずかっているのだ。敵を食卓に着かせてはいけない。

　ロンドンに行ったことがある人なら地下鉄（London Underground）に乗ったかもしれない。よく「チューブ」という愛称で呼ばれているのだが、複数の線がそれぞれ違う深さの地下を走っていることに驚く。まずジュビリー線に乗り、次にピカデリー線に乗り換える。さらに次はセントラル線、ベーカールー線でしばらく進む。通勤などで慣れているとかでなければ頭がこんがらがってしまう。地下で各線が異なる階層で運行しているとなると、なおさらだ。一番深いところを走っているのはジュビリー線ロンドンブリッジ駅の二つのホームで、海面下一三・二メートル（七六・一一フィート）[3]の深さだ。だいたい建物の八階分くらいになる。頭上でたくさんの電車がせわしなく行き来しているのだ。なんだか、ややこしい。

　でも、はるばるアトランタから来る人でも心配には及ばない：Underground の中、どこへ行こうとも Way Out（出口）という標識が見つかるから。標識のデザインにはいろいろあるが、書かれていることは同じだ。前回ロンドンに行った時、私は様々な標識の写真を撮った。文字が赤い円で囲まれているもの、細い長方形で色は青いもの、さらにステンドグラスの窓を模した枠の中に文字が書かれている、なんていうものもある。全く味気ないものもあった。形や色が違っていても、示すことは同じ：Way Out（出口）。

神も同じように「標識」を見せてくれる。神は「真実な方」。いつだって真実だ。コリント人への手紙 第一 10章13節に約束されているように、たとえ誘惑されることがあっても、私たちはもう罪を犯さずに済むようになる。

脱出の道は、常に備えられているのだから。

狭くなってくるが、出口はまだある

あなたには、Way Out の標識はどんなふうに見えてくるだろうか？

まあ、そもそも「誘惑のドア」を開けて中に入らないのが一番だ。ベストな Way Out は Stay Out ― 立ち入らないことだ。ドアの中を通ってはいけない。そのためには日常生活で予防策を講じておくことだ。誘惑から遠く離れた場所にいられるように。ドアの近くに迷い込んでしまわないように。ローマ人への手紙13章14節で私たちは「主イエス・キリストを着なさい。欲望を満たそうと、肉に心を用いてはいけません」と促されている。手持ちの聖書でアンダーラインは引かれているかな?

「肉に心を用いてはいけません」とは、賢く生きよう、ということだ。思慮分別を持って生きるということ。慎重すぎるくらい慎重になるべきだということ。自分の身を置く環境をよくすること——たとえそれが無理そうに感じられても。一人だけでやるのは難しいから、あなたが誘惑に悩んでいることを、数は少なくても親しい友人に話してみよう。

STAY OUT(近づかない)。
それが一番のWAY OUT(誘惑からの逃げ道)。

例えばポルノだ。あなた自身は見なくても、家族が見て問題に発展する可能性はある。だから「思慮分別の精神」に則《のっと》り、自分の品位を守るために家にある全てのデバイスにフィルターを設定して見られなくするといった予防策を講じるとよい。信頼できる友人と、日常生活で予防策にどんなことをしているか話し合ってみよう。これは賢明なことだ。脱出の道というか、この場合は誘惑に近づかないための方法だ。

あの大きな「**誘惑のドア**」を開けたと仮定しよう。ドアの向こうをのぞいてみる。自分は罪に向かおうとしていて、その自覚はある。よく見ると、道すがらWay Outの標識のあるドアが並んでいるのが見える。どれも「誘惑のドア」より小さい。

例えば女友達のグループにメキシコのビーチリゾートに誘われているようなとき。聖霊が何かを伝えてきたような気がして、こんなふうに思う。うーん。前回ここにみんなで行ったときは最悪だったよな。九か月もかけて霊的に成長できていたのが一瞬で台無しになっちゃったもんな。こうしたケースでは、何が「出口」なのかすぐわかるはずだ。「ごめん、行けないんだ。今回はちょっと無理だよ」と伝えること。「肉に心を用いてはいけません」とはこういうことだ。

すでに「誘惑のドア」の戸口に足を踏み入れている場合はどうだろう。太陽光の降り注ぐビーチの写真を眺め、これはまずいとわかっていながら自分がそこで楽しんでいるところを想像する。罪のある場所のほうへ心が入り込もうとしている。ギリギリのところだ。でも幸いなことに、神は「真実な存在」だ。ネットで旅行の予約をしようとしたらカード決済がうまくいかない、なんてことが起こる。これは「ツイてない日」ではなくWay Outのサインだ。これこそが聖霊のはたらきなのだ。しっかり受け取ろう。

もし、もっと先に進んでしまっていたらどうするか。カード決済はなんとかなって、ともかく南の島への航空券は手配できて、あなたは女友達とリゾート地にやって来た。そのうちの一人が、いいクラブがあるから行こうと言い出す。何か嫌な感じがする。聖霊が肘でつんつんしてくる感じ。ええと、そういえば前回あのクラブがあらゆるトラブルの始まりだったっけ。これは抜け出せるサインだ。こんなふうに返そう。「いや、俺はクラブに行くのはやめとくよ」とか「他のところに行こう」あるいは「俺はビーチを散歩したいから、そっちはそっちで楽しんできなよ」でもいい。

いやいや、もうクラブに向かうタクシーの中にいる。それでもまだ聖霊が「そっちに行っちゃダメだよ」と自分に警告を発しているのを感じている。この段階まで来ても、神の恵みのおかげで、逃げられるよう小さな出口が用意されているのだ。

「ねえねえ、頭が急に変になったと思われそうだけど、俺はそこの交差点でタクシーを降りるよ。タクシー乗り換えて、ホテルに戻るよ。別に何かあるわけじゃない。お騒がせしてごめん、でもほんとに戻らなきゃ」。そりゃ行き過ぎだ、なんて思ったかな？　でも、誘惑に抗《あらが》うというのは生易しいことじゃない。これは戦争なのだ。

あなたが「**脱出の道**」を求めるなら、神は必ず助けてくれる。次から次へ、あれがうまくいかなかったら今度はこれ、という具合に。神の慈しみによって、聖霊が出口を用意してくれる。罪に向かう道を進むにつれ出口はだんだん狭くなり、逃げるのが難しくなってくる。奥へ行けば行くほど、脱出を諦めてしまった場合に予想される被害が大きくなる。

でも、よく見てみよう。出口へ向かうチャンスは、まだある。最初の出口は標準サイズだ。どの家にもある大きさ。二つ目はペット用のサイズ。ワンちゃんが出られるくらいの大きさだ。三つ目になると超ちっちゃい、バービー人形のおうちサイズだ。スマホがなんとか通れるくらいかな。それでも、たたかいに勝つのはあなたなのだ。「**敵**」を食卓に着かせてはいけない。まだ脱出のチャンスはあるのだから！

罪を避ける方法は他にもある。そもそも「誘惑のドア」に見入ったりしなければいいのだ。反対方向を見ていればいい。「誘惑のドア」を「招きのドア」に交換してしまおう。違うドアだ。「キリストのドア」がいい。ヘブル人への手紙12章1～2節に「私たちも、一切の重荷とまとわりつく罪を捨てて、自分の前に置かれている競争を、忍耐をもって走り続けようではありませんか。信仰の創始者であり完成者であるイエスから、目を離さないでいなさい」と書いてある（強調は著者）。

ここでもやはり福音の大事なメッセージは「罪を犯してはならない」ではない。教会の説教ではよく聞くが、この言葉は「気合を入れる」のに便利だからだ。罪はダメだ！　罪はダメだ！　罪はダメだ！　しかしイエスの十字架が伝えることは、それにはほど遠い。「罪を犯してはならない」ではなく「**さあ、神と共に歩もう**」だ。福音が伝えているのは、キリストのはたらきによって私たちの罪は赦されている、ということだ。新しく造られた者として全能の神との関係を築くことができる。イエスが来たのは私たちが「いのちを得るため、それも豊かに得るため」（ヨハネの福音書10章10節）だ。テサロニケ人への手紙第一3章8節ではパウロが「今、私たちの**心**は**生き返る**」と語った。

詩編23編そしてヨハネの福音書10章1〜18節をふり返って、自分自身を「羊」、イエスを「良い羊飼い」として生きていくことを想像してみよう。これらの箇所で重要なのは、神はあなたを導くと約束している、という点だ。羊が自分の羊飼いの声を聞き分けられるように、あなたもキリストの声を聞き分ける能力を授かっている。羊飼いが何をしているのかわかる。羊飼いと歩調を合わせて進むことができる。イエスにしっかりつながって生きれば、神は信頼できる存在であることに気づくだろう。自分の人生の様々な場面をふり返ってみて、あのとき支えてくれたのは、近くに引き寄せてくれたのは、危険から守ってくれたのは、導いてくれたのは神だったのだ、と気づくだろう。神と親密な関係を持つことで、真の充足感を得られる。自分の食卓に「敵」を座らせないようにするにはどうすればよいか？　それは、イエスから目を離さないことだ。

アダムとエバの話を思い出そう。誘惑される以前、二人はそのままずっと神と一緒にいるはずだった。木の実を食べてしまった直後、創世記3章8節に「そよ風の吹くころ、彼らは、神である主が園を歩き回られる音を聞いた」とある。神の存在を音で認識できていたということだ。これが普通のことだったのだ。神はアダムと共に歩み、語りかけることもあった。アダムが生き物たちに名前をつけたころもそうだった。創世記2章22節には「神である主は、人から取ったあばら骨を一人の女に造り上げ、人のところに連れて来られた」と書かれている。二人は、神と共に歩むのがどういうことなのか、そして神に「かたどって」造られた者として、神とのつながりを持つことや神に与えられた仕事を――神と共に――この地上で行うことの意味をわかっていた。

それが、より広い範囲から見る福音だ。アダムとエバはそれをわかっていた。罪を犯してはならない。その木の実を食べてはいけない。それが「やってはいけないこと」だったのは確かだ。しかし背後にあるのは「こっちに来て、神の恵みを受け取りなさい」というグッドニュースだ。その、より大きな福音があなたにも差し伸べられている。あなたは救われているのだ。あなたにとって神は「罪を犯すな」という要求をしてくるだけの存在、あるいは死んだら天国行きのチケットをくれるだけの存在なのだろうか？　もちろん、救われるのも、赦されるのも、天国に行けるのもよいことだ。でも、それらの真実よりも大切なことがある。神はあなたに、神のことを知ってもらいたいのだ。いますぐ。今日。天国に行くのはまだまだ先だけど。では、どうすれば神についてちゃんと知ることができるのだろう？

シマウマの子ども

神を知るための道を行くということは、自分の感情や精神、目的意識を神のほうへ向けることだ。みことばを学ぶこと、聖書を学ぶことは、神そして神の性質について学ぶことに等しい。祈りを欠かさず神と共に歩んでいると、神なりの「やり方」がわかるようになってくる。神の言葉や性質が、生きていくうえでの必要を満たしてくれる。自尊心や存在意義、生きる目的、愛、受容、満足感、平安——これらをあなたは必要としているだろうか？　他者との親密な交わりはどうだろう？　逆境の中でも冷静でいられる心は？　イエスは、これら全てを満たすことができる。

しかし私たちがこうしたものを求めるからこそ、そこに「**敵**」がつけ入る隙ができてしまう。

気分が落ち込むのは、たいてい自分の希望が叶っていないときだろう。そんなとき「**敵**」がやって来てささやく。いい気分になりたいなら、あの「誘惑のドア」を開けて中に入ってごらん。スリルを与えてあげるよ。ドーパミンが湧いてくるようなやつ。アドレナリンが吹き出すほうもあるよ。

真に私たちの心を満たすのは神だ。同じようにそうしてくれるものは他にない。罪から離れていたいなら、キリストから目を離さないでいることだ。それ以上に良い方法はない。神と共に生きることで真のアイデンティティ、自分の価値、そして目的を見出すようになる。この経験から、神は信頼できるということがわかるはずだ。

前の章でヤコブの手紙1章14節「人が誘惑にあうのは、それぞれ自分の欲に引かれ、誘われるからです」を引用した。これには続きがある。「私の愛する兄弟（訳注：原書では brothers and sisters となっているが新改訳２０１７引用により「兄弟」のみとしている。聖書協会共同訳は明らかに男性を指す場合以外は「きょうだい」と表記している。）たち、思い違いをしてはいけません。すべてのよい贈り物、またすべての完全な賜物は、上からのものであり、光を造られた父から下って来るのです。父には、移り変わりや、天体の運行によって生じる影のようなものはありません」（16〜17節）。

「罪が死を生む」。これについてヤコブは警告する。「**誘惑のドア**」を開けて中に入ることは罪と死を招く。ドアの向こう側では誰も助けてくれない。罪は楽しいかもしれないが一時的なもので、神からの贈り物に比べればいつも取るに足りないものだ。そのドアではなく、他のドア―

「招きのドア」のほうを開けよう。「招きのドア」の向こうにあるのは「すべてのよい贈り物、すべての完全な賜物」。キリストからあなたへの贈り物だ。そっちの出口へと進もう。あなたの探し求めるものを見つけるために。贈り物は、イエスがくれるものだけじゃない。ドアを開けて中へ進み、その先であなたが得られるのは「神そのもの」なのだ。

　この地上で私たちのためにある、とてつもなく大きな恵みについて考えたことはあるだろうか？　たしかに人間は、罪に染まり堕落している世界にいる。もはや「楽園」ではない。でもそれと同時に、そんな世界で、全能なる神は人間のためにここまでしてくれる、ということを私たちは知ることができた。アダムとエバは知り得なかった、神の愛に関する知識と共に生きているのだ。神はいいものを隠しているぞ、などと蛇に言われた時点では、エバの心には神の言葉があった。神について、神がアダムとエバに伝えていたことだ。エデンの園は生を満喫するには完璧な場所だった。それなのにエバは神の約束が本当かどうか確かめたくて、ちょっとした行動に出てしまった。

　私たちには経験がある。キリストの死、埋葬、そして復活。キリスト者はそれぞれの人生において同じ道を通るのだ。十字架の出来事に対して、私たちはこんなことが言える。「本当のところ、神が人間に何か隠すなんてことはしない。それが神の思いだ。神は、地上の罪を帳消しにするためにそのひとり子を世に送るほど人間を愛した。どんな山をも越え、どんなドアも打ち破る思い。暗く狭い道で、決して私たちを見放さない。私たちに愛を伝えるためなら、神は何だってする。愛するひとり子を十字架につけ死からよみがえらせたのも、その一環だった。イエスのおかげで、自分は『新しく造られた者』となった」と。私たちが知っていることは、エバは知らなかった。神がここまで人間のためにしてくれるなんて知らなかった。でも、私たちは知っている。

最近プリシラ・シャイラー（Priscilla Shirer, 1974 - 訳注：米作家、伝道者）がシマウマの子育て[4]について話しているのを聴いた。シマウマの母親は出産すると、しばらく他のシマウマたちを子どもに近づかせないらしい。なぜか？　子どもに自分のことを見分けられるようになってもらうためだ。

見慣れていないと、どのシマウマも同じに見える。子どもが母親を間違えることがたまにあるらしい。しかしシマウマには頭と顔にそれぞれの個体特有の縞模様がある。群れから離され、子どもは母親を識別することを学ぶ。見分け、聞き分ける能力を身に着ける。母親の縞模様を見分けるすべを学ぶのだ。何週間ものあいだ、母と子だけで一緒に過ごす。

やがて子どものシマウマは群れに連れ戻されるが、それまでには驚くほどの識別能力を持つようになっている。母親の外見、いななき、においを識別できるようになり、それらが酷似していても他の個体と間違えることはない――あれは違う。いや、あれも、あっちも違うな。ああ、あそこにいた。あれがお母さんだ——という具合に。

その域に達するくらい、神はあなたに親しみを持ってほしいのだ。認識してもらいたいのだ。あなたに、疑わずに神について知ろうとしてほしい。「**敵**」は嘘をつくことが全てだ。あなたを堕落させ、破滅させるために。でもイエスは、あなたが神の声を聞き分けることを学び、神を見つけ、信頼してくれることを願っている。底なし沼はもはやその力を失った。「**誘惑のドア**」も今や色褪せた。あなたは自由だ。心の中のたたかいに、あなたは勝てる。神の招きは、あなたが神について深く、よく知ることなのだ。

そのプロセスの一環として、おすすめしたい具体的な祈りが一つある。あらゆる自由そして神の招きに通じる、食卓に「**敵**」を座らせないために最も強力な祈りだ。

（1）底なし沼に落ちたらどうなるかについて、What If? というチャンネル（Youtube）による次の動画（Underknown 社および Ontario Creates 社との共同制作）を紹介しておく：“What Happens If You Fall into Quicksand?”July 24, 2019, https://www.youtube.com/watch?v=jYlZyO62V7A
（2）「聖人」についてわかりやすくまとめられた動画（「Desiring God」ブログ内）がある：“Is Every Christian a Saint?” by John Piper, Desiring God, June 22, 2017, https://www.desiringgod.org/labs/is-every-christian-a-saint

（3）「ロンドン地下鉄の駅で、1番深い所にあるのは？」という動画がある：Jack May, "Which Is London's Deepest Tube Station?", City Monitor, April 5, 2017, https://www.citymetric.com/transport/which-london-s-deepest-tube-station-2938

（4）プリシラ・シャイラーによる著書の中でも取り上げられている：Awaken: 90 Days with the God Who Speaks (Nashville: B&H Books, 2017), Day 51.

第7章　すべての思考を取り押さえる

私は大学を中退したことがある。

頭が悪かったからではない。十八歳のときに心の中のたたかいに負けたからだ。生活の中で、怠惰という「**敵**」がすっかり心に居座っていた。午前の授業は居眠りして適当にうまくやっていた。授業をサボって、その言い訳の上手さを競い合う大会があったら、私は金メダルを自慢できるほどだったと思う。挙句の果てに得たものは、履修カリキュラムの学部長からの休学勧告の手紙だった。

まあいいや、と私は思った。そのへんの短大にでも入学するか。

まもなく、そっちでも同じ結末となる。同じ年に二つの学校を去る羽目になったのだ。

すっかり「**敵**」に食卓の上のランチを食べられてしまっていた!

それでも私には、そのあいだもずっと大きな夢があった。牧会者としての活動に強く招かれている感じがしたので、神が自分のために何かすごい計画を用意してくれているに違いない、と思ったのだ。未来をはっきり思い描くことができた。ただ、どうやってそこまでたどり着けるのかがわからなかった。

それがある日ピンとひらめいた。やることは二つ。高速道路で次の出口(これは比喩ではない)を出て、ジョージア州立大学へ向かうこと。一時間以内には、私はあの学部長のオフィスにいた。どうしても復学したいと頭を下げると、学部長は快諾してくれた。そこで夢を叶えるための今後の段取りが思いついた。大学の落ちこぼれだなんてもう呼ばせない。私には、みことばを伝える任務がある。もちろん授業中にウトウトしてしまう可能性はあった。でも最終的には、二年分の授業を一年強で「かっ飛ばす」ことができた(かっ飛ばす、は精一杯の良い意味で使っている)。そんな力が自分にはあったのだ。履修の遅れを取り戻してちゃんと卒業し、予定通りに大学院に入学できた。

私は心の中のたたかいに勝った。毎朝目が覚めるたび、自分には神に任されていることがあり、造られた目的に適《かな》う人間になれると確信していた。

あなたは将来どうなっていたいか、イメージはあるだろうか?

何か個人で成果を挙げるとか、仕事を成功させるとか、スポーツを頑張るとか、金銭的な目標を達成するといったことだけではない。「魂レベル」でどのようになりたいか。自分の思考や態度、行動をコントロールすること、そして神のみこころに適う人生の目的に向かって歩みを進めること。このようなことを思い描いてみてほしい。

現状の生き方を変えるなんて無理だと「**敵**」に思わされているかもしれない。これまでに「**恐れの声**」に耳を傾けてしまっていたからだ。罪と誘惑のスパイラルに捕らえられている。自分は無価値だと思い込んでいたり、心配事や将来への不安で判断力が低下したりしている。「**敵**」が食卓を陣取って、やりたいようにやってきたからだ。でも、これ以上ぬくぬくと居座り続けるのを許すことはない。「**悪魔のささやき**」に耳を傾けることはない。キリストを通じて、あなたは人生で勝利の座を得るのだ。

心の中のたたかいに勝つことを学べば、勝利は可能だ。しかし「**敵**」もそれを知っている。だからあなたの日々の思考に目をつけて、狙い撃ちしてくるのだ。しかも辛抱強い。エデンの園で、蛇はメガホンを使ってエバに誘惑の言葉を叫んだのではない。エバの心に疑念の種を植えつけ、機が熟すのをじっと待った。神の善性を疑うように仕向け、神はよい物を出し渋っていると言いくるめた。結局エバは誘惑に屈し、種が発芽して根を張るのを許してしまった。思っていたことが実際の行動となって表れたのだ。

それが「**敵**」のやり方だ。心の中のたたかいに勝つことは、人生に勝つことだ。民数記13章を見てみよう。イスラエルの民にカナンの地を占領させるに先立ちモーセはその地の偵察のため十二人を遣わすが、そのうちの十人は信仰心をくじかれ恐怖におののきながら戻ってきて、次のように報告した。「あの民のところには攻め上がれない」。十人は怯えながら言う。「あの民は私たちより強い……私たちの目には自分たちがバッタのように見えたし、彼らの目にもそう見えただろう」（31〜33節）。

ちょっと待った。偵察隊の十人は、自分たちがカナン人の目にどう映っていたのかをどうやって知ったのだろう？ 彼らは現地でこんなふうに聞いてみたのだろうか？「ちょっといいですか、僕らのこと、どう思います？ 僕たち、皆さんから見てちっぽけで弱そうに見えますかね？」。聞くわけがない。心配の種が彼らの心の中にすでに蒔かれていたのだ。それが芽を出し育っていくのを放置したせいで、四〇年も砂漠を放浪する結果となってしまった。神がせっかく自分たちに約束してくれたことを味わうことはなかった。

そんなことになってはいけない。当時のイスラエルの民だけでなく、現代において私たちまでもが、せっかく神が約束してくれていることを手にすることなく荒野をさまようなんて。私たちは勝てるはずだ。いま、ここで。勝利のためには、心の中に蒔かれた種がどんなものか観察し、根を張るのを防ぐことだ。みこころと一致しない思いは、引っこ抜いて処分してしまうことだ。考え方を変えること。そのために特に役立つ祈りをこれから紹介していこう。

祈りの前に、まずは準備

あなたの心に植えつけられている種の一つは、おそらく「疑念」だろう。こんな具合だ――これらの教えが自分にとって本当にうまくいくのかわからない。前に別の方法を試したけれどどれもダメだった。これもきっとうまくいかないだろう。あるいは何か変わるかもしれないけど、長続きはしないだろう。続いたことなんて今まで一度もなかったから。

すでにあなたの心は「**敵**」の影響を受けている。思考の種はいつでも、どこにいても心の中に蒔かれる。いまこの本を読んでいるようなときにも心は何らかの影響を受ける。真実によって解放される前に、あなたを「人質」にしている嘘の数々が何なのかを知る必要がある。聖霊の助けを借りよう。どんな嘘を信じてしまっているのか教えてもらおう。具体的に。あなたは、次のようなことを思うことがあるだろうか？

・自分を変えるなんて無理。
・罪を犯すといい気分になれる。
・福音なんて何の助けにもならない。

・自分には大した価値はない。
・誰も私のことを愛してくれない。
・誰も私のことを信じてくれない。
・何か恨めしく思うことがあっても自業自得だ。
・怒りを溜め込んでいるのも、自業自得。
・失敗の結果が今の私。
・依存でこんなふうになってしまった。
・私のやり方はいつもこれだから。

これら全て、神から来たのではない！　ヨハネの福音書10章や詩編23編の「良い羊飼い」としてのイエス・キリストは、誰かを「ダメ人間」呼ばわりなんかしていない。不安を煽ったり、恐怖をかき立てたり、そんなことはしない。与えてくれるのは明晰な心だ。混乱ではない。罪という名の汚物に首を突っ込ませるようなことはしない。連れて行ってくれるのは渇いた荒れ地ではなく、緑の牧場だ。人生で恐れや悩みがあるとき、誘惑に遭っているとき、自分は役立たずだという思い込みや感情のもつれがあるとき、どんなことが起こるだろう？　こんなときに「敵」がやって来て、あなたの心に種を蒔く。うまくいくとわかっているのだ。よからぬ思考を植えつけ、あなたが気づかないうちにそれが根を張っていけばしめたもの。心の中に定着させるのが目標だ。まやかしの思いを放置した結果それらが心の中に巣食うようになると、やがてその思考は実際の行動に表れ始める。

こんなふうに言いたくなるかもしれない。「大げさじゃない？　胸の内なんて自分以外には誰にも見えないんだから無害でしょ」。いや、違うのだ。思い続けていることは、そのうち行動に表れてくる。まやかしの思いが心の中にあると、それは振る舞いや言動に表れる。箴言23章7節には「彼はその欲望が示すとおりの人間だ」（新共同訳）とある。いずれにせよ、よからぬ思いは害になるということだ。

これまでの章で述べてきたように、だからこそ早いうちにキリストによって新たなアイデンティティを得ることが何より重要になってくるわけだ。イエスはすでに勝利の物語の中にいる。あなたもその中に入るよう招かれているのだ。そのために、次の真理を思い出してほしい：

■私はかつて罪人だったが、恵みによって新しく造られた。もう罪を犯さなくてもいい。
■私はキリストの内にいて、キリストは私の内にいる。キリストは全ての勝利を手にしている。イエスの勝利は、私の勝利でもある。
■神はいつだって真実な方。常に脱出の道を用意してくれている。逃げ道は常にある。

この域に達すると、物の見方が一変する。偵察に行った十二人は全員、約束の地がよい場所だとわかっていた。乳と蜜がたくさん流れているのをその目で見たのだ。ぶどうが一房ついた枝があまりにも大きくて、二人がかりで棒で担がれているところも見た（民数記13章23節）。それなのに偵察隊のうち十人は、約束の地を手に入れることができると信じなかった。

あなた自身はどうだろう？　勝利の人生を歩めると信じているだろうか？　信じていないなら、心の中のたたかいに勝っているのはあなたを騙している輩《やから》のほうだ。そいつは本当にいて、しっかり計画を立てている。食卓の周りをうろついて、席を奪う気まんまんでいる。だから覚えておいてほしい：成否が問われている、ということを。議題になっているのは、あなたの人生だ。あなたの「いま」のことだ。あなたの未来、家族、健全な精神。あなたの平安、成功、使命。みこころに沿った生き方。これらは全て、神があなたに望んでいることだ。いっぽう「**敵**」のやりたいことは、あなたを破滅させること。容赦なく、しかも時間をこの世で持て余している。

幸いなことに、種が心に蒔かれてしまっても「秒で」捨てれば大丈夫だ。根を張らないようにすればいい。「**敵**」から新しく種が蒔かれたら速攻で取り除く。何年も心の中にいたようなものでも捨てられる。何かものすごい力を使ってこれをやるわけではない。ここは特に念を押しておきたい。勝つために重要なのは「あなたがすること」ではない。そういう話ではない。出てくるのはイエス・キリストの福音だ。あなたのために「イエスがすること」なのだ。イエスはそのたたかいにおいて完全なる勝利を得た。主が道を切り拓いてくれる。

「勝利の人生を歩む」。あなたにとっては、どんなものになるだろう?

戦争は終結していても戦わねばならないとき

コリント人への手紙 第一15章57節に出てくる勝利という単語に該当するギリシャ語はnikosで、厳密には、征服によってもたらされる勝利という意味を含む。新約聖書では、この語はキリストを信じる者がキリストによって何かを勝ち取る、打ち勝つという文脈でいつも使われる。キリストは闇と罪のあらゆる力を打ち破った。キリスト者はキリストの内にいて、キリストはキリスト者の内にいる。闇の力も罪の力も、信じる者の勝利を奪うことはできない。俯瞰して見れば、戦い全体にはすでに勝利している。イエスは十字架で「完了した」(ヨハネの福音書19章30節)と言った。言い換えると「私がこの世に来た目的はもう果たされた。あなたたちは解放された。勝利はあなたがたのものだ」ということだ。

しばし「**勝利**」の想像をしてみよう。「D-Day Plus 1」にノルマンディーの浜辺に立っているつもりで。何のことかわかるかな？　ノルマンディー上陸作戦が決行された日(D-Day)は一九四四年六月六日だ。だから「D-Day Plus 1」というとD-Dayの翌日、一九四四年六月七日のことを示している。

D-Dayは軍事史上最大の上陸作戦だった。(1)　十五万六千人以上の連合国の兵士がフランスのノルマンディー海岸を急襲した。ドイツ軍の機関銃や擲《てき》弾などの火力の猛攻撃をかいくぐって進む。連合軍の兵士たちは六九〇〇もの艦船や上陸艇、二三〇〇の航空機、八六七のグライダーに乗り、そして四五万トンもの弾薬を使うことで作戦を成功させた。それでも多数の死傷者が出た。六月六日だけで四四〇〇人の連合国兵士が命を落としたことは悲劇だった。しかしながら日が暮れる頃に勝利が近づいてくる。コードネームで呼ばれていたノルマンディーの五つのビーチであるゴールド、ユタ、ジュノー、オマハ、ソードは全て占領確保された。さらなる兵員が上陸を開始。仮設港が建設された。やがてそれらの仮説港から二五〇万を超える兵士、五〇万の車両、四〇〇万トンの補給物資が運び込まれた。

この戦争においてD-Dayが決定的なターニング・ポイントとなったことは多くの歴史家たちの認めるところだ。この日の行動が第二次世界大戦の結末を大きく変えた。その後の全世界の運命を決定するほどだった。では、D-Dayの翌日にその場所にいると想像してみよう。あなたは今、大規模で血みどろの侵攻がなされた直後の浜辺に立っている。大戦そのものの結末は見えている。ヒトラーの野望は打ち砕かれた。そこから逆転することはもはや不可能だろう。この勝利を足掛かりとして、私たちは前進し続けることができる。まだ続ける必要があるのはなぜか？　そう、欧州での戦争は終わったけれども、ヒトラーはまだしばらくのあいだ敗北した場所から指示を出すだろう。彼は叩きのめされてもなお戦い続けようとするからだ。

その後の二、三週間、小規模の戦闘が続く。フランスのカランタンという町が戦場となる。続いてシェルブールの港の確保。八月二五日のパリ解放までにはまだ時間がある。中には苛烈な戦闘もあった。そこから先の一年のあいだには「マーケット・ガーデン作戦」の苦しく激しい戦い、さらに「バルジの戦い」では冬の戦線に持ちこたえねばならないだろう。あなたは、まだなおナチスに支配されているドイツに進軍して、あの恐ろしい強制収容所も解放せねばならないのだ。「D-Day Plus 1」で私たちが思い知らされる事実がこれだ：たとえ戦争が終わっても、まだきつい戦いをすることになる。ただ、「海岸堡」はもう出来ているので、あなたは常に全面的な勝利の場から戦うだろう。

霊的な意味での人生において、イエスがあなたに与えたのはnikosだ。罪を打ち砕くという、イエスが十字架で成し遂げたことが、あなたに与えられている。前進できるようイエスがつくってくれた足掛かりを「勝利の礎《いしずえ》」として、私たちは心の中のたたかいに臨むことができる。この考え方は、祈りを通じて、あなたも今日から取り入れることができるはずだ。

祈りから力《パワー》を得る

さて、これまで話してきたことは全部ここにつながってくる。思考のたたかいにおける勝利を約束する強力な祈りは、次の聖書箇所に由来する：

私たちは肉にあって歩んではいても、肉に従って戦ってはいません。私たちの戦いの武器は肉のものではなく、神のために要塞を打ち倒す力があるものです。私たちは様々な議論と、神の知識に逆らって立つあらゆる高ぶりを打ち倒し、また、すべてのはかりごとを取り押さえて、キリストに服従させます。（コリント人への手紙第二10章3～5節）

この部分を紐解いていこう。たたかいの際に私たちが使う「武具」には聖なる力がある。これはエペソ人への手紙6章11～18節に「神のすべての武具」として述べられている：キリストの「正義の胸当て」「平和の福音の備え」「信仰の盾」「救いのかぶと」「御霊の剣すなわち神のことば」そして「祈り」（訳注：「真理の帯」が原書では省かれているのでここに補足する）。これらの「武具」には神に対抗するあらゆるものを打破する力があり、害になる思考が心に入り込んで棲みつくようなことを防ぐのだ。キリストにあって、あなたはもう「**敵**」が食卓に着くのを許すことはない。どうやって？　聖書の記述をベースにして、次のように祈るのだ。

主よ、すべての思いを取り押さえてキリストに服従させることができるよう、私を助けてください。

矛盾しているように聞こえるかもしれないが、そんなことはない。二つの真実が一体化してはたらくのだ：キリストが全てのことをしてくれるのだが、それでも、自分から祈りと決意をもって積極的に参加する姿勢を持たなくてはいけないということだ。イエスと歩調を合わせなくては。

キリストにあって、あなたにはチャンスが与えられている。勝利の足掛かりを得て、前進できるようになったからだ。戦う力がある。その力の源はキリストだ。勝利はキリストからもたらされる。それでもなお、キリストについていくと決めるのはあなた自身だ。「敗北」という思いも同時に抱えながら生きる、なんてことにならないために。自分の思考を取り押さえられるのは自分だけだ。誰もやってくれない。誰かがあなたの頭の中に入って、あなたの代わりに悪い思考を何でも捕らえてくれるなんてことはない。一歩を踏み出そう。キリストと一緒に、あなたの運命、未来、勝利に自分でけじめをつけるときが来たのだ。

ここに、認めがたい真実がある。隠すつもりはないし、当たり障りのないことを言ってごまかすつもりもない。自分の思考を取り押さえる、ということをしなかったら失敗は目に見えている。私が自分自身に言い聞かせる、その舌の根の乾かぬうちに、愛する読者の皆さんにもこれを伝えたいのだ。人生うまくいかないのはあなたのお母さんのせいではない。お母さんの再婚相手でもない。やってきたトラブルのせいでもない。敗北感を抱えて生きているなら、それはあなた自身が自分にそうさせているからだ。心の中のたたかいに苦戦しているのなら、それはあなたが「逃げられないたたかいが自分にはある。自分の心を制するのは自分。イエスが成し遂げたみわざの力によって私は勝てる」と決意し宣言することに尻込みしているからだ。

だから決心してほしい。いま、今日。心の中のたたかいの流れを一変させるために。祈りを通じて思考の一つひとつを捕らえることによって、それが可能だ。では、具体的にどうやるのだろうか？

嘘を見抜く

まずは、心の中であなたを騙している思考を特定しよう。基本中の基本に聞こえるかもしれないが、これを実際やっている人は驚くほど少ない。その思考は、それの正体である「害をもたらす嘘」として認識しないといけないのだが、心に入って来たときについつい大目に見てしまいがちだ。私たちは日々の思考ついてはあまりにも無頓着でいるのだ。私自身もそうだと自覚している。

さて、思考が心の中に入ってきた。ねえ、罪を犯したらいい気分になれるよ。食べたいだけ食べれば。肉欲に身を任せたら。怒りを爆発させたら。（その他、あなたの弱点による）。その思いをあなたはそのままにしておく。甘やかす。居心地よくしてあげる。すっかり受け入れて、定着させて、思考がずっとそこに留まるようにする。そしてこんなふうに思うようになる。うん、たしかにそうだ。罪を犯すって、いい気分だ。いま人生つらくて仕方がないんだから、このくらいやってもいいよね。前回、いつもの罪をやらかしたとき最悪な気分になったから、今度もそうなるだろう。でも長い目で見れば、少しの間でも気分が良くなるなら、このくらいの罪悪感なんてどうってことないよ。ブッブー。やられた。「**敵**」が席に着いたぞ。

全力で振り払わなくてはダメだ。有害な思考は、その本来の姿である「**嘘**」として捉えること。その思いに意識を向けるのだ。そしてこう自分に言い聞かせる。「私の心の中に居座ろうとしているな。その前に、しっかり点検させてもらうよ。おや、どうやら神の言葉とは相容れないみたいだ。みことばと一致しない思いは、神から来たものではない。出ていけ！」

他にも、このような思いもある：あ〜あ、かわいそうな俺。そんなものを受け入れるつもりなのかな？　これからその路線で行くのかな？　あるいは、その思いの正体が何か分かるだろうか。

自身に問うてほしい。この思いは一体どこから来たんだ？　神から？　聖書に書いてあるみことばに沿っているのだろうか？　天の父は私のことを哀れに思っているのだろうか？　そんなはずはない。父なる神さまは良い羊飼いだ。緑の牧場へ連れて行ってくれる。魂を生き返らせてくれる。主の御名によって義の道へと導いてくれる。そんな存在が、私のことを情けない奴だなんて思うだろうか。ああそうだ、コロサイ人への手紙3章12節に書いてあったのを思い出した。自分は「聖なる者、愛されている者」なんだ。ということは「かわいそうな奴」なんて呼んでいるのは神じゃないってことは確かだ。神ではないなら、そうか、やっとわかった。これこそが「**敵**」の声なんだ。もうこんな思いを抱き続けるのはやめる。出ていけ！

わたしの願いではなく、みこころがなりますように

ひとまず、嘘である思考を特定した。次のステップは、イエスの名によってそれらの思考を「拘束する」ことだ。コリント人への手紙 第二10章5節で使われている言葉を見てみよう：「すべてのはかりごとを取り押さえて、キリストに服従させます」。「取り押さえる」は、拘束するという意味だ。法的権限をもって捕らえて、拘留する。手錠をかけ、強制的にその対象の自

由を奪うということ。再びあなたや他の人に危害を加えるのを阻止するために拘束するのだ。

思考をイエスの名によって拘束したら、祈りの出番だ。心の中から「**敵**」の居場所がなくなるようあなたとイエスが歩調を合わせ、こんなふうに祈ろう。「全能なる神さま。イエス・キリストの名によってこの思いを捕らえました。あなたがそれを命じたからです。聖霊によって使わせてもらえる力を使います。その力をもって、みこころに沿って生きることを選びます。いま取り押さえた思いは、もう私に悪影響を及ぼすことはできません。心の中から出ていきます。その思いはもう牢の中です」。

祈りは神にささげるものだ。しかし時には「**悪魔**」とその仲間たちに聞かせてやるのもよいことだと私は思っている。霊的な世界は、たとえ目に見えなくても確かに存在していて、身近なものだ。「**悪魔**」が全知であることを示すような箇所は聖書の中にはない。神のように全てを知り尽くしているのではなく、常にどこにでもいるのでもない。だから私たちの心の中のつぶやきが「**悪魔**」に聞こえているとは思えない。祈りで誘惑に立ち向かうとき、私は声に出して祈ることがある。そうするときはいつもユダの手紙9節にならう。御使いのかしらミカエルは、悪魔と言い争っていたとき「主がおまえをとがめてくださるように」と言った。これはイエスにその力があること、そしてそのキリストが自分の内にいるということに同意する宣言なのだ。

祈るとき、あるいは「**悪魔**」を叱りつけるとき明確にイエスの名によって行うのはなぜか？

それは、その力はあなた自身からではなく、イエスから出てくるものだからだ。全ての力、そして権威が与えられている者（マタイの福音書28章18節）の名を使う必要がある。「ことばであれ行いであれ、何かをするときには……すべてを主イエスの名において行いなさい」（コロサイ人への手紙3章17節）と書いてある通りだ。

ここまで来て、こう言いたくなる人がいるかもしれない。あー、ルイってば、それはちょっと行き過ぎだと思うな。思考をイエスの名によって捕まえる？ もちろんイエスさまは好きだし教会にも通ってるよ。でも、そこまでやるのはやばい気がする。いやいや違う。

やばいのは「敵」になびいて自分の心の中に巣食うのを許すこと。こっちのほうだ。やばいのは、罪に流されてしまうことだ。「敵」が食卓に着くのを許すことだ。殺し屋やペテン師に影響されることだ。あなたの心の中のたたかいで、悪い奴らに勝たせてはいけないのだ！

いかがわしい思いが心の中に入って来たら、それが神の義の性質あるいは聖書の記述に沿っているか確認しよう。沿っていないなら、イエス・キリストの名によって捕縛《ほばく》（語注：捕まえて縛り上げること。）し、声に出して祈るか、心の中で主に祈るのだ。よからぬ思考が心の中に根を張るのを防ぐために、この明確な目的のために練られた祈りを活用しよう：

私はイエスの名によって、この思考を捕縛します！

最終的に目指すのは、具体的には、すべての邪《よこしま》な思いを捕縛して、キリストに対する従順へと導くことだ（コリント人への手紙 第二10章5節）。それができれば、その思いはキリストあるいは聖書のみことばによってキリストに反しないものに変えられるか、追い出される。というわけで、あなたが思いをイエスの名によって捕縛しないままでいると、逆にあなたのほうがその思いに捕らえられてしまうことになる。思いを拘束するか、やがて自分が拘束されるか、どっちかだ。だからぐずぐずしてはいられない。すでに魔手が伸びているかもしれないのだから。神から来ていない思いや、みことばに一致していない思いは早く拘束しないといけない。

裏切りに遭う日の晩、ゲツセマネでイエスに何が起こっていたのか知っているだろうか？ ユダがローマ兵たちにあの接吻で合図を送る前、イエスはゲツセマネの園で祈っていた。尋常ならざる苦悶を経験していたのだ。汗には血が混じり、地に滴り落ちる。あまりにも過酷な夜だ。事実、イエスは三回「この杯を過ぎ去らせてください」と神に祈った（マタイの福音書26章39、42、44節）。

この地球上でかつて一度もなされたことのない最大のみわざを成し遂げるに先立ち、イエスは試されていた。大きな重圧がイエスの身にのしかかっていた。（ついでに付け加えておく――あなたが神に対して何か大きなことをしたいときも、その前に「大いに」試されるので心の準備をしておこう。それにパスすれば神から得られる信頼も大きい。)

イエスの名を「権威」として使おう。
神から来ていない思い、
みことばに一致しない思いは
「拘束(捕縛)」するのだ。

最終的には、罪ある私たちを「聖なるもの」とするために、イエスは苦闘のすえ、みこころを受け入れた。イエスでさえも自分の思いを取り押さえて全能の神に服従させたのだ。イエスは次の言葉をもってゲッセマネの祈りを締めくくった。「わたしの願いではなく、みこころがなりますように」（ルカの福音書22章42節）。ここで最大の誘惑に遭ってもなお、イエスは罪を犯さなかった。これぞ「思いを捕縛した（取り押さえた）」完璧な手本だ！　イエス自身によって手本は示された。

思考は自分で選ぶ

さて、まず始めによからぬ思考を特定した。次にそれをイエスの名によって取り押さえた。三つ目のステップは何かというと、あなたの「**人生の物語**」を聖書に沿ったものに変えていくことだ。生きていて何か問題が発生し、罪の中に飛び込みたくなる。人生の軌道を変えるときだ。ここでいよいよ聖書の出番だ。

もちろん聖句を覚えているし、心の中で「再生」することができる人もいるだろう。やることは、まやかしの思いを聖書に反しない思いと取り換えることだ。聖書の語ることに慣れ親しんで、神が伝える真実に幾度となく接することだ。真実に疑念を抱かなくてもよくなるように、そしてその道から逸れることのないように。

「でもねえ、ルイ」また始まった。「聖句を覚えるヒマがないんだけど」。ほんとに？　筋トレする時間なら、明日の仕事の前に新規の提案書三件を読む時間なら、週末にテレビドラマをイッキ見する時間なら、朝にマイカー通勤の車中でポッドキャストを聴く時間ならあるはずだ。よからぬ妄想にふける時間もあるはずだ。だから、聖句を覚える時間だって、あるはずなのだ。勝ちたいなら、気合いを入れないと。やる気を出さないと勝てないぞ。心の中のたたかいに敗れたら「終了」。負けなのだ。

心の中のたたかいに勝つために、まずはこんなことをやってみよう。みことばをインデックスカードに書いてひとまとめにし、一日の始めにジムでエアロバイクにでも乗りながら、三〇分でもいいからこれらのカードを見てみことばを学ぶ。あるいはテレビ番組を見るのは一日おきに減らし、できた時間を聖句の暗記に充てる。他にも、マイカー通勤をしているなら聖書のオーディオブック版をダウンロードして車中で聴くという手もある。繰り返し聴いて、心を神の真理で満たそう。心の中のたたかいに勝つために、いますぐ行動を起こそう。心を真理に向けて新たにしよう。心を真理に定めるのだ。たびたび自分に言い聞かせること。神によって自由になっていくのを実感するようになるはずだ。

み　ことばをしっかり心の中に留めておくことを「指示」している聖書箇所について、ちゃんと考えてみたことはあるだろうか？　そのうちの一部を言い換えて挙げてみる。みことばについて、詩篇119篇11節には、罪を犯さなくて済むよう心に蓄えるように、ヨシュア記1章8節には口から離さず常に口ずさむように、コロサイ人への手紙3章16節には私たちのうちに豊かに住むように、マタイの福音書4章4節には生きる糧《かて》のようなものとするように、ヘブル人への手紙4章12節には生きていて力があり、ヨハネ15章7節には私たちにとどまっているように、とある。さらに申命記11章18～20節には、みことばを心と魂に刻み、それを手や額に記すように、そして子どもたちに教え、家の中でも外でも、寝るときも起きるときも語るようにと書いてある。詩篇19篇7節には主の教えは魂を生き返らせると書いてある。だからみことばに心をしっかり傾けよう。119篇32節は主の示す道を走るように、と私たちを激励する――主が私たちの心を広く、自由にしてくれるからだ。

　イエスが荒野で誘惑に遭ったとき、イエスはいかにして「**敵**」を退散させたのだろうか？　この場面でサタンが言っていたことを思い出そう。「……と書いてある。……と書いてある。……と書いてある」。そう、これは私たちにとっても勝つための戦術として使えるのだ。みことばがあなたの人生とずっと一体化しているような状態を目指そう。いつも見聞きして、心全体がみことばで満たされているように。家の中、ロッカーの中、パソコンなどの画面、鏡、机の上に置いたり貼ったり、会話、歌、さらに聴く音楽を通じてみことばにふれよう。みことばは、私たちが罪ある者とならないように（詩篇119篇11節）してくれる。何も思い煩わないでいられるように（ピリピ人への手紙4章6節）してくれる。主キリスト・イエスのうちに根ざし、建てられ、信仰を堅くされ（コロサイ人への手紙2章6～7節）るように、そして人生において神のみこころは何か――何がよいことで何が完全であるのかを見分けられるよう（ローマ人への手紙12章2節）にしてくれる。みことばで心を満たしておけば、どんな思考を「再生」させるか、プレイリストを自分で操作できるようになる。

クラブやライブでＤＪが選曲・操作をするように、あなたも自分の思考を自分で選択するのだ。

自由と好物、どっちを選ぶ？

いよいよ最終ステップ、日々抱く思考について能動的になるときだ。それをほのめかすような話が聖書の中に出てくる。この部分は見落とされやすく、誰にでも起こりうる。まずよからぬ思考を特定し、次にそれをイエスの名によって取り押さえ、そして聖句を覚えた。ここまでやったのに、以前の生活に戻る誘惑にかられてしまう。後から振り返ってみると、実際はそんなことなくても昔のほうがよかったと思うのは、よくあることだ。それが初めての経験ならおさらだ。えっ、私こんな空想めいた話を信じていたの？　そういう考え方に逃げていただけなのかな？　というように。

イスラエルの子らがエジプトから解放されたとき、実は彼らもエジプトが懐かしくなってしまった。民数記11章5〜6節では、イスラエルの民が途中で歩を止め、神が荒野で彼らに与えた「完全食」であるマナに対して不満をもらす場面が描かれている。勝利に向かって進むのではなく、むしろエジプトで食べていて好きだったものを懐かしんだ。「……食べていたことを思いだす。きゅうり、すいか、にら、玉ねぎ、にんにくも」。何だ、そりゃ!?　イスラエルの民は、そんなに玉ねぎが好きだったのか。自由を諦めてもいいと思うほど玉ねぎを愛していたってことか。そうそう、エジプトに戻って再び奴隷になろうよ。だって、そうすれば玉ねぎが食べられるんだから。

ピリピ人への手紙4章8節には別の道が示されている。コンパスのように方向をはっきり指し示しているわけでも、具体的に何を思えばよいかを教えているわけでもないが、どのような類の思考を持つべきかについて語られている。能動的になるというのは、こういうことだ。入って来る思考から自分を守るというより、自分から積極的に、意図的に自分のためになることを思考するのだ。ピリピ人への手紙4章8節に書いてある、思うべきことのリストは次の通りだ。

すべて……
真実なこと
尊ぶべきこと
正しいこと
清いこと
愛すべきこと
評判の良いこと
徳とされること
称賛に値すること

これらについて考えてみよう。ピリピ人への手紙4章8節を覚えて、ここに挙げられているそれぞれの項目についてじっくり考えよう。こんな問いかけをしてみる。いま自分にとって「真実なこと」といえば何が思いつくだろうか？「尊ぶべきこと」は？ など、それぞれにおいて同じように問う。心の中に入ってきた思いは、どこかの聖書箇所につながるものかもしれない。あるいは、シンプルに神を讃えるものかもしれない。自分の家族への愛の深さを再認識するようなものかもしれない。趣味やスポーツが楽しくて仕方ないとか、あまりにも美しい日の出の風景を思い出すとか、友人とハイキングに出かけているところを想像するといったことかもしれない。

「自分の物語」を変える、とてもよい方法がある：先ほどの8節に挙げられているようなことを「能動的に」毎朝目が覚めたらすぐに思い起こすのだ。それを一日中キープしよう。夜、寝る時間になるまで心に留めておくのだ。他にも方法はある。毎日この8節に挙げられている項目を日替わりでテーマにする。一日一つで、だいたい一週間だ。例えば「称賛に値すること」を考える日なら、一日を通してそのことに集中する。どんな結果になるか想像してみよう。あるいは日替わりで特定の「霊的真理」に的を絞ってみるのもよいかもしれない。例えば次のようなものだ。

■月曜日　神は私の名前を知っている（イザヤ書43章1節　あなたはわたしのもの。わたしはあなたの名を呼ぶ。新共同訳）。

■火曜日　神は私に先立って進んでいる（申命記31章8節　主御自身があなたに先立って行き、主御自身があなたと共におられる。新共同訳）。

■水曜日　私を強くしてくれるキリストによって、私はどんなことでもできる（ピリピ人への手紙4章13節　わたしを強めてくださる方のお陰で、わたしにはすべてが可能です。新共同訳）。

■**木曜日**　現在の苦難は、やがて示される栄光に比べれば取るに足りないものだ（ローマ人への手紙8章18節　現在の苦しみは、将来わたしたちに現されるはずの栄光に比べると、取るに足りないとわたしは思います。新共同訳）。

■**金曜日**　私を攻めるために造られる武器は、どれも役に立たなくなる（イザヤ書54章17節）。

■**土曜日**　私は神の子ども（ローマ人への手紙8章16節　この霊こそは、わたしたちが神の子供であることを、わたしたちの霊と一緒になって証ししてくださいます。新共同訳）。

■**日曜日**　キリストを死者の中からよみがえらせた力と同じ力が、私の内にもある（エペソ人への手紙1章17〜19節　どうか、わたしたちの主イエス・キリストの神、栄光の源である御父が、あなたがたに知恵と啓示との霊を与え、神を深く知ることができるようにし、心の目を開いてくださるように。そして、神の招きによってどのような希望が与えられているか、聖なる者たちの受け継ぐものがどれほど豊かな栄光に輝いているか悟らせてくださるように。また、わたしたち信仰者に対して絶大な働きをなさる神の力が、どれほど大きなものであるか、悟らせてくださるように。新共同訳）。

これは私自身も実践している。今朝も早いうちから本章の執筆に取りかかっていたところ、こんな思いが頭をよぎった。この本、もしかして誰の役にも立たないのではなかろうか。無駄にキーボードを叩いているだけかもしれない。一体誰がこの本を読んでくれるだろうか？　見向きもされなかったら？　ネガティブな思いで心に暗雲が立ち込めたようになる。しばしのあいだこんな思いを巡らせると、私はだんだん暗い気分になっていった。そこで気づいたのだ。自分に何が起きていたのかがわかった。私は書斎で「主よ、助けてください。こんな思いはあなたから来ているのではないのはわかっています」と、声に出していた。

そして祈った。ネガティブな思いを、あの「イエスの名によって取り押さえる」ための祈りだ。

次に私は「能動的に」考え始めた。真実なこと、尊ぶべきこと、正しいこと――これらのよいことにはどんなものがあるだろうか？　まず、イエスの名によって有害な思考から解放されることになるであろう人々のことを思った。「敵」を食卓に着かせまいとこれから決心するであろう人々のことを想像した。そして、私は聖書を読むことを日課にしているのだが、あるみことば―ヨシュア記1章5節が心の中に入ってきた：「わたしはモーセとともにいたように、あなたとともにいる」。これは僥倖《ぎょうこう》のようだった。この真理は、私の心の中に居座る準備を整えていたネガティブな思いを一蹴した。

この一句は、この日の残りの時間ずっと私の新たな「物語」となっていた。仕事に戻るたびにこの節を思い出した。モーセと共にいた神が、同じ神が、いま私と共にいる。このとき「敵」が私の食卓に着くことはなかった。

でも、もしすでに着席されてしまっていたら？　ここまで来てちょっとした警告を発することで、せっかくこの章で取り上げてきた聖書の教えに水をさすようなことはしたくないのだが、一つ見過ごせない現実があるのだ。ヘブル人への手紙12章1~2節に、罪はまとわりつくものだと書いてある。罪を犯したら、即座に「堕ちる」ものなのだろうか？ よからぬ思いの種が心の中で根を張るのを許してしまっても、食卓に「敵」が座るのを許してしまっても、望みはあるのだろうか？ 答えは「もちろん」だ。望みは大いにある——神からの、余りあるほどの恵みがあるからだ。

（1）Dave Roos, "D-Day: Facts on the Epic 1944 Invasion That Changed the Course of WWII," History, last updated June 4, 2020, https://www.history.com/news/d-day-normandy-wwii-facts

第8章 「恥」を封じる神の恵み

「敵」を退散させようと祈っても、神から恵みをもらいつつ努力をしても、それでも結局「敵」が食卓に着いてしまったら、どうなるのだろう？ 神に見放されてしまうだろうか？ あるいは、神との親密な関係を持ったり、神に用いられたりする資格を取り消されてしまうのだろうか？ 答えは単純にNOだ。福音の本質は、神はイエス・キリストを通じて私たちの罪を赦しているということ。私たちは新しく造られた者なのだ。あなたに求められているのは、「敵」の思いをそのままにしていたこと、あるいは行動に表れてしまったことを認め、主に告白することだ。悔い改めれば、神は罪を帳消しにしてくれる。あなたを赦し、清めてくれる。あなたの食卓から「敵」を追い出してくれる。箴言28章13節に悔い改めの力が示されている。「自分の背《そむ》きを隠す者は成功しない。告白して捨てる者はあわれみを受ける」。

ただ、告白してもなおguilt（有罪／咎《とが》／罪悪感）とshame（恥／恥辱感）が残ることがよくある。この二つは一緒くたにされがちだが、実際はそれぞれ別物だ。概念も言葉も混同して使っている人もいる。違いを理解することが大切だ。

「**有罪**」というのは自分の罪や過失に対して責任を負わされる立場だ。これは法律用語で、深い反省を促すものだ。霊的な「正義」の枠組みの中では、自分の意志で選んだことが神の基準にそぐわなかった場合、その選択の責任をとらねばならない。何か不適切なこと、恥ずべきこと、不誠実なこと、下劣なこと、非難に値するようなこと、淫らなこと、不快なことを行ったり、思ったり、口にしたり、そんなときだ。「**敵**」に席を与えてしまった。裁判官が木槌をおろす。判決のときだ。心の中にあったものが行動や態度に表れて、神の栄光にはほど遠い状態になってしまった。この責任をとるのは自分だ。有罪になるとはこういうことだ。

いっぽう「**恥**」のほうは、罪や自分の至らなさに自分自身が定められるような感覚だ。恥辱感は罪悪感を取り込みつつ、罪をあなたのアイデンティティと結びつける。「有罪」が法的あるいは霊的な意味での一つの立場なら、「恥」は心や精神の状態のことをいう。罪の意識を経験しているとき、あなたは自分の行為が悪かったことを認めている。「間違ったことをした」とか「悪いことを考えた」「悪いことを言った」などと思う。ところが恥辱感は自分そのものが悪かったと思うことなのだ。「間違っているのは私」「私が悪い」のように。

この二つは、解決策は共通しているものの性質は異なるので、両方を取り上げた。この二つから自由になるために、ここで**神の恵み**について語ろう。たしかに法的・社会的には（リアルの世界では）更生の努力や謝罪、刑期の務めや罰金の支払い、被害者との関係修復など、やらねばならないことがいろいろある。もちろん、これらが問題解決に必要であることは言うまでもない。しかしながら究極的には、解決するのはいつだって**神の恵み**だ。多くの人が咎と恥という重荷を背負って生きている。これが、私たちが得られるはずの自由――その代価は十字架ですでに支払われている――に向かって歩もうとする足を引っ張っているのだ。これではいけない。私たちは、本来は勝てるのだから。

神の恵みは盤石

自由への道は誰にでも開かれている。そして、その道は**神の恵み**に包まれている。これは雲をつかむような、薄っぺらい、弱虫のための話ではない。恵みには確固たる土台や柱、物ごとを動かす力が備わっている。**主の恵み**は罪の力を叩き潰す、強力なパンチだ。

まずは恵みが「恥」をどうやって粉砕してくれるのか見ていこう。恥の思いにはものすごい破壊力がある。神の愛、受容、生きる目的や計画に自分は値しないと思わせる力だ。私たちを徹底的に弱らせ、受けたダメージは修復不可能だと思わせる。恥辱感があると隠れたくなる。神を否定することで神から隠れようとするか、神を避けようとする。あるいは他人とのあいだに距離や壁をつくる。所有しているものの陰に隠れる。忙しさや過去の業績を盾にする。人と距離を置き、接し方もよそよそしくなる。あるいは、何があったのか誰にも知られたくないと思うようになる。このように、「恥」は私たちを過去の世界に閉じ込めてしまうのだ。

神がエデンの園でアダムとエバを造ったときの話がわかりやすい例だ。聖書には「人とその妻はふたりとも裸であったが、恥ずかしいとは思わなかった」（創世記2章25節）とある。楽園追放の前は、神の創造物はすべて「非常に良かった」とされている。裸でいても恥ずかしいことはなく、それも楽園のよいところの一つだった。エデンの園はもちろん美しいところだった。植物、動物、食べ物ももちろんあった。すべてのものが手つかずの状態だった。それでも、「良かった」ことの最たるものは、この楽園では「恥」という概念が存在しなかったことだ。

しかしそこへ楽園追放が起こる。アダムとエバは、あまりにも大きな代償を伴う結果を引き起こす選択をする。ものすごい破壊力のある選択だった。ここから咎と恥がアダムとエバそして私たち人間の物語の一部となる。二人は裸でいても恥ずかしくなかったのに、状況は一瞬にして神から隠れたくなるようなものに変わってしまった。そして慌てて、いちじくの葉を腰に巻いた。

幸いなことに、神は二人を追放する直前に救いへの道筋を用意する。住むところを与えたり、動物の皮の衣を作って着せたりした。そして未来、さらに十字架について暗示した。蛇には次のように宣言する。「彼はおまえの頭を打ち、おまえは彼のかかとを打つ」（創世記3章15節）。これはイエスの受難とそれに続くイエスの完全な勝利を示唆している。つまり神は、罪と死を打ち砕き、人間を神の目的と人格性に再び結びつけることを計画していたということだ。

イエスが十字架で成し遂げたみわざのおかげで、私たちはもう恥の思いを抱きながら生きなくてもよいのだ。神の真理を素通りしてはいけない。あなたの物語に「恥」は不要なのだ！　これについては、まだもう少し話したいことがある。

イエスがあなたを自由にする

次に、恵みがいかにして「咎」をも解消するのか見ていこう。神の恵みが人生の一部になると、イエスの十字架のみわざを通じて、霊的な咎は恵みによって帳消しにされる。あなたは解放されるのだ。恵みによって神の前に正しい位置に据えられる。間違った行いに対しては罰が与えられるが、罪の代価はイエスがすでに支払った。イエスがあなたを自由にされたのだ。

旧約聖書の中にも、あなたや私もこの現代で恵みにあずかっていることを示唆している箇所がある。神はずっとイスラエルの民に忍耐していた。彼らが御名の栄光に応えてくれるのをずっと待っていた。イザヤ書6章には、預言者イザヤが主と天の幻を見たときのことが記されている。それは美しく鮮烈な幻だったが、イザヤはそれを見て「おおっ、これはすごい」なんて言わなかった。むしろ罪の意識にさいなまれ、感情をあらわにしてこう言った。「ああ、私は滅んでしまう。この私は唇の汚れた者で、唇の汚れた民の間に住んでいる。しかも、万軍の主である王をこの目で見たのだから」（5節）。イザヤは神の前に完全に打ちのめされた。イザヤはすぐに悟ったのだ。神の前に自分がどれほど小さな存在であったかを。

このときのイザヤの思いは、やがてイエスが十字架で成し遂げるみわざにつながってくる。イザヤのときと同じようなことを口にしながら悔い改めをすることで、あなたもその完成されたみわざの中に足を踏み入れることができるのだ。「私はもうダメだ。神の聖さに比べれば、なんと自分は足りない者だろう。神に求められている状態からはほど遠い。人生で賜物を生かしていない。わかってる。責任は自分にある。全能の神を前に、間違った選択と犯した罪に対してけじめをつけなくちゃいけないのはわかってる」。これは確かにそうだ。自覚しているか否か、感情的に反応するか否かにかかわらず、自分の罪に対する責任を取るのは自分なのだ。

悔い改めは残念なことなんかじゃない。自分の咎を認めることは恵みを受け取る第一歩だ。神は恵みを通じてあなたのもとへやって来て、私たち人間には到底できないことをする。イザヤも神の恵みにあずかった。6～7節には劇的な出来事が描かれている。御使いが「燃えさかる炭」を持ってイザヤのもとへ飛んでくるのだ。イザヤの身になって想像してみよう。六つの翼という驚くべき姿の御使い・セラフ（seraph 訳注：セラフィムの単数形）が空を切って飛んでくるのを目の当たりにする。御使いは神の祭壇から取ってきた炭を持っている。イザヤは「もう終わりだ」と思ったに違いない。自分は滅びるのだと。なき者にされると思ったのだ。ところが実際は、セラフはイザヤの口に炭を触れさせてこう言った。「見よ、これがあなたの唇に触れたので、あなたの咎は取り除かれ、あなたの罪も赦された」（7節）。滅ぼされるどころか、イザヤにとって最高の出来事だったのだ。イザヤの悔い改めが恵みへの扉を開いた。神はその扉のところまで来て、あなたにこう伝える。「私はあなたを地上から取り去るのではなく、あなたの咎を取り除くために来たのだ。もう大丈夫だ。あなたの罪は赦された」。

さて、話を新約聖書まで早送りしよう。天から運ばれる「燃えさかる炭」の言わば「生きてるバージョン」が地上に遣わされた。それが神の聖者、イエス・キリストだ。イエスは一つも罪を犯さずに生き、カルバリの丘で私たちの咎を負った。イエスは自身の死、埋葬、復活を通じて私たちを解き放った。傷や汚れのないイエスが十字架につけられた。それは「天の法廷」だったのだ。神は、私たちが負うべきだった、私たちの罪や至らなさの咎を、そのひとり子に負わせた。ひとり子は何の咎もない正しい者でありながらそれを引き受けた。そして神は、その「咎なき正しい者」を私たちに与えた。悔い改めれば誰でも、御使いがイザヤに「あなたの咎は取り除かれ、あなたの罪も赦された」と伝えたときと同じ赦しを受けることができる。キリストを通じて、あなたは潔白の身となった。義とされたのだ。聖なる、義なる神によって自由の身になった。すべての咎はイエスによって取り除かれ、あなたは全く新しく造られたのだ。

このことはヨハネの手紙第一1章9節に明言されている。使徒ヨハネは、新しい信者たちに福音の力を理解してもらうために次のように書いた。「もし私たちが自分の罪を告白するなら、神は真実で正しい方ですから、その罪を赦し、私たちをすべての不義からきよめてくださいます」。つまり、自分の行いを告白するということが極めて重要、ということだ。罪の告白は、人生で罪を犯したときにその責任を負うことの意思表示だ。「これは私がやったことで、間違っていました」と言うことだ。しかし、何より一番すごいことはこれだ：キリスト者として罪を犯したなら、罪の告白は、神との親しい関係に生じていたわだかまりを解消するものだ。イエスの十字架であなたはすでに赦されているからだ。イエスが十字架に戻ってもう一回死ぬ、なんてことはない。赦しのみわざは、もう成し遂げられている。だからこんなふうに言おう。「父なる神さま、罪を犯してごめんなさい。告白します。キリストにあって赦されていることに感謝します。赦しを受け取り、これからは違う方向に向かって進みます。そのための恵みと力を与えてください」。罪を告白し、赦しを受け取る宣言もした。これはすごいことだ。お祝いしなくちゃいけないくらいだ！
とは言ったものの今回ばかりは「**敵**」はおとなしく引き下がらない。未来永劫あなたが咎を負って生きるようにと、あらゆる手を使ってくる。「**敵**」はビクビクしながらもこんなことを言ってくる。聞こえるかな？「へえ、そうか。お前クリスチャンか。だから死んだら天国に行けるとかって信じてるんだな。なるほど、よかったね。でも、お前がいま生きているこの現実が地獄みたいなもんだってことをわからせてやるよ。お前がこれまでやってきたこと全部、今やってること全部、これからやること全部、みーんな間違っているってことを示せばいいだけだ。そうそう――お前に船旅の片道切符をやるよ。罪悪感という名の旅に出ようじゃないか。船長は俺だよ、お客さん」。

この旅路に出ること自体はあまりにもたやすい。「**敵**」は全部覚えているからだ。細かいことまで、あなたの「**黒歴史**」を何でもかんでも引っ張り出してくる。そのくせ過去の罪はただ隠し通せば万事オーケーだとあなたに思い込ませようとする。過去の罪を心の奥に押しやっても、逆に開き直っても、一時しのぎにしかならない。

こうしたやり方はうまくいかない。すぐに「下船」しよう。隠れても罪の意識が消えることはない。**キリストの恵み**というスポットライトを当てることによってのみ罪が赦され、咎が取り除かれる。聖く、愛と優しさに満ちたイエスに告げよう。

「主よ、自分の間違った行いを認めます。自分から行ったことだけでなく、されたことも告白します。そのせいで私は弱められ、ダメージを受け、傷つきました。私は罪において加害者であり、同時に被害者でもあります。それでも私は主の赦しと自由を求めます。あなたから隠れません。私のしてきたこと、されてきたことを全部み前にさらけ出します。主のみわざにより罪はその影響力を失い、キリストの打ち傷のゆえに私は癒されました」。

何者なのかイエスによって示される

恵みによって咎と恥を取り除かれるだけでなく、私たちは自分たちが何者なのかイエスによって示される。その一番大きな変化は「ダメ人間」から「家族の一員」になることだ。

小説家のナサニエル・ホーソーン（Nathaniel Hawthorne, 1804 - 1864）は一八五〇年に「緋文字」（The Scarlet Letter 岩波文庫など）を執筆した。物語の中で、ヘスター・プリンという若い女性が不義によって身ごもり出産する。ヘスターは姦通罪で投獄され、自分は「失格者」だと思わされる。子どもが生後およそ三か月になったときヘスターは釈放される。これにより社会的には代償を支払ったことになるのだが、町の人々はヘスターを永久に辱めようと、ヘスターの衣服の胸の部分に緋色の「A」

の刺繍を縫い付け、町の広場の曝し台の上に三時間も立たせる。公に屈辱を与えられるのは、刑罰がずっと続くことに等しい。その後へスターは何年も町の人々の冷たい視線を浴びながら生きることになる。自らの行いによって自分が何者なのか決めつけられてしまったのだ。

私たちもそれぞれの「緋文字」を胸につけて生きているのではないだろうか。罪によって自分を設定されている。胸の文字を見て「そう、これが私」などと思う。あるいは、他の誰かの罪を自分の人生に取り込んでしまったかもしれない。そんな場合でさえ、鏡に映る自分を見て「私は傷物。もう終わってる」なんて思ってしまう。他の人の失敗を自分の失敗として被っている。

あなたのアイデンティティを変えるのは神だ。「**敵**」はあなたの受けた傷によって「これがお前だ」と言ってくるが、イエスは、ご自身の受けた傷によって「これがあなたです」と示す。イエス・キリストの恵みが私たちの古いアイデンティティを追い出し、全く新しいものと取り換える。ヨハネの手紙第一3章1節にはこう書いてある。「私たちが神の子どもと呼ばれるために、御父がどんなにすばらしい愛を与えてくださったかを、考えなさい。事実、私たちは神の子どもです！」（強調は著者）。それが新しいアイデンティティだ。私たちは神の息子、娘なのだ。王の子どもだ。神の相続人であることが決まっている。神のものは何でも相続できるのだ。私たちを「ダメ人間」から「神の家族の一員」へと変えた、神からのあふれんばかりの愛の受取人でもある。恵みは咎も恥も取り消すばかりか、私たちに新しいアイデンティティを与えてくれる。あなたは神から愛されている、家族の一員なのだ。それゆえ全能の神との食卓に席が用意されている。

使徒ペテロの人生を思い出そう。欠点の多かったペテロが、いかに神によって変えられていったかを。その前に背景の話をしておこう。「ペテロ」は後からつけられた名前だということを知っているかな？　ペテロは、もともとはシモンという名前だった。イエスと初めて会ったときイエスに「ペテロ」と名づけられたのだ。ペテロはよく考えずに言動が先走ってしまうことがよくあった。イエスはこの無骨な漁師を見て「岩《ペテロ》」というニックネームを思いついた。そんなペテロの荒っぽさを示すエピソードは福音書の中にもたびたび登場する。

「敵」はあなたの受けた傷によって「これがお前だ」と言ってくるが、

イエスは、ご自身の受けた傷によって「これがあなたです」と示す。

「最後の晩餐」の夜、イエスは自分に最も近しい存在だった十二人の使徒たちと夕食を共にした。この場で、イエスはこれから自分を裏切る者がいることを明らかにする。使徒たちは動揺する。特に驚いたのはペテロで、声を上げるほどだった。興奮し、悪気はないが必死のアピールを始める。私ではありません！　ペテロは言い張る。他の誰かはあなたに躓いても、私は違います。私はあなたを裏切ったりしません。絶対に逃げません。主よ、私のことは信用してください。ここにいる誰よりも私はあなたを愛しています。あなたとご一緒なら、牢であろうと、死であろうと、覚悟はできております。

しかしイエスはこう告げる。「ペテロ、あなたに言っておきます。今日、鶏が鳴くまでに、あなたは三度わたしを知らないと言います」(ルカの福音書22章34節)。

晩餐が終わると、場面はゲッセマネの園に変わる。イエスはそこで壮絶な思いで祈りをささげる。いっぽうユダはローマ兵たちを誘導すると、たいまつの薄暗い明かりの下でイエスに裏切りの接吻をする。イエスは逮捕される。その夜イエスはエルサレム市内の最高法院など、あちこちに連行される。笑われ、嘲られ、尋問され、唾を吐かれ、そのうえ殴られる。このとき使徒たちが何をしていたかは定かでないが、ペテロについては、連行されるイエスの後を、距離を取ってついて行っていたことがわかっている。それがペテロの精一杯の良心の表れだったのだろう。ところが、そこでペテロは大きな試練に遭う。

この暗黒の晩の遅い時間、イエスは大祭司カイアファの邸宅で尋問を受けていた。この夜は寒かったのか、ペテロは中庭で火にあたっていた。そのとき周りには何人かいたが、一人の若い女性が問い詰めてきた。イエスと一緒にいた人でしょうと言われ、ペテロは否定する。人違いではないのかと。しかしまた別の者もペテロに気づく。仲間ではないか、と言われペテロは再び否定する。一時間ほど経って、さらに違う人にガリラヤ出身であること、イエスの仲間であることを指摘される。ペテロは崖っぷちに立たされていた。心が押しつぶされんばかりの重圧だ。そして怯えていた。夜通しペテロは空腹、孤独、疲労、さらに恐怖を感じていたはずだ。

そして、なおもペテロはイエスについて三度目の否定をするのだった。

さて、少し立ち止まろう。ここは、罪の本質が垣間見えるところではないだろうか。苦境に立たされる時や場面は誰にでもある。何かを切望しているとき、寂しいとき、疲れているとき、何かを恐れているとき、あるいは怒り心頭なとき。こんなときイエスに一歩近づくか、あるいは離れるかの選択を迫られる。大きな重圧がかかっているときは「イエスなんて知らない。関わりたくもない。うん、いまはイエスのことは信じていないよ」なんてことをたやすく口にしてしまいがちだ。だが、こんなときこそイエスに向かって走ろう。そのほうがはるかにいい。

「敵」が席に着こうとするのを許してはいけない。

ペテロが三度目にイエスを否定したとき、鶏が鳴いた。ペテロはすぐに自分のしたことに気づく。あまりにも大きな罪を犯してしまった。最後の晩餐でキリストへの愛を豪語していたくせに、それなのにカイアファ邸の中庭で問い詰められた途端、それはもろくも崩れてしまった。自分でわかっていたのだ。聖書によれば、ペテロはこれを悔やむあまり、激しく泣いた（ルカの福音書22章62節）。話はここで終わらない。イエスは「神の計画通り」十字架につけられる（ついでに言うと、人間がイエスを否定しても神は計画を実行するなんて、すごいことではないか？　たとえ私たちが不誠実でも神はあくまで「真実な方」なのだ）。ペテロのしたことは自分の役割の放棄だったかもしれないが、イエスは逃げも隠れもしなかった。

というわけでイエスは死に、埋葬される。日曜の朝早く、二人の女性が墓に行くが、墓は空っぽだった。二人は慌てて戻り、他の使徒たちに状況を説明する。話を聞いたペテロはすぐさま墓へ走っていく。埋葬に使われた亜麻布だけが墓に残されているのを見て、ペテロは何が起きたのか考えをめぐらす。やがて復活したイエスが使徒たちの前に何度か現れるようになる。しかし、少なくとも私たちの知る限り、初めのうちはペテロがイエスとやりとりする場面はあまりない。聖書のページをとばしてヨハネの福音書21章を見ると、ここでようやくすべてが明らかにされる。

それはガリラヤでの出来事だった。ペテロと他の六人の使徒たちは湖で漁に出ていたが、一晩かけても何も捕れなかった。そこへイエスが現れる。ちなみに、ペテロや他の使徒たちがこの頃に漁をしていたことは大した問題ではないという専門家の意見もある。生活のためだったとか、とにかく食べていくためだとか。しかし私は、ペテロが漁の仕事を再び始めたのは後ろ向きなことだったと思っている。なぜか？　三年前、ペテロが引き受けた使命を思い出そう。イエスはこう言った。「わたしについて来なさい。人間をとる漁師にしてあげよう」（マタイの福音書4章19節）。言い換えると「わたしについて来なさい。あなたの人生の計画と目的は、わたしが用意しているから」。それなのにペテロは以前の職、かつてのライフスタイルに戻ってしまった。新たに与えられた使命から目をそむけてしまった。魚をとる漁師に戻ったのだ。ペテロは「三度も裏切った者」というアイデンティティを胸に縫い付けられていることを自覚していたのだと私は思う。そんな自分には、イエスが用意してくれた計画や目的を果たす資格なんてもはやないと感じていたはずだ。

あなたにも似たような経験があるかもしれない。イエスを否定したことがあって、恥を身にまとっているような状態かもしれない。あるいはイエスを無視したり、見て見ぬふりをしたり、忘れていたり、昔のライフスタイルを送っているかもしれない。罪を犯して「敵」に席を与えてしまい、神から隠れているかもしれない。こうなると慣れ親しんだところに――たとえそこが自分の人生においてイエスに招かれている場所ではなくても――行きたくなるのだ。気心の知れたところ、懐かしいところ。いいことはほとんどないのに、行きやすいところに行ってしまう。放《ほう》蕩《とう》あるいは嫌悪感を覚えるような罪とは違うかもしれないが、神なしでも平気で生きていけそうな状況に身を置くことただそれだけ、いや、恐らくそれこそが最大の罪なのではあるまいか。

そうしたところにいるうち、神との関係修復なんてもう無理だろうと思えてくる。

「回復」される

ペテロの話に戻ろう。夜が明けるころ、イエスは岸辺に立っていた。魚がとれたかどうか、使徒たちに親しげに岸から声をかける（ヨハネの福音書21章4〜5節）が、尋ねるまでもなくイエスはわかっていた。英語だと微妙に異なる響きになるが、イエスが舟にいる使徒たちに言ったのは、よくない答えが返ってくるのを想定したような聞き方だった。この部分を直訳するとこんな感じだ：「何かとれましたか？　とれてないですよね」。現代ふうに言い換えるなら「それ、うまくいってますか？」とイエスは尋ねているのだ。夜どおし漁に出ているのに、何も得られていない。それ、うまくいってますか？　あなたは引き受けた使命を忘れてしまった。それ、うまくいってますか？　慣れ親しんだ、楽ちんな場所に戻っている。でもイエスがあなたに用意しているのは、慣れ親しんだ、楽ちんなところよりも、もっともっと素晴らしいものだ。それ、あなたにとって、うまくいってますか？

これは、イエスの次のちょっとした助言にどれだけ大きな意味があったかを示している。イエスは使徒たちに、舟の右側に網を打つように言う。それはすでに試したのではないか、とあなたは思うかもしれない。一晩中漁をしていたのだし、彼らには漁の経験だってそれなりにある。舟の前に後ろに、右にも左にも網を打っていたはずだ。いろいろ試しただろう。しかしイエスの声に従い舟の右側に網を打ったときは、これまでとは全く違う結果となった。どういうことだろうか？

それは、その声の主が他ならぬイエスだったからだ。ペテロと使徒たちは、イエスの声に聞、き従う機会を与えられた。イエスは使徒たち、特にペテロにこう言っていたようなものだ。「わたしについて来なさい。いまからでも。ここからでも。以前の暮らしに戻ってしまっていても」。イザヤ書30章21節に同様の呼びかけがある：「あなたが右に行くにも左に行くにも、うしろから『これが道だ。これに歩め』と言うことばを、あなたの耳は聞く」。それが神の声なのだ。あなたの耳は、これを聞いているだろうか？

幸いなことに、ペテロと使徒たちはイエスの声に従う。すると網はたちまち魚でいっぱいになる。そこは岸から約一〇〇ヤード（訳注：約九〇メートル）しか離れていないところだったので、ペテロは嬉しさのあまり水の中に飛び込み、その声の主が本当にイエスか確かめようと岸まで泳いで戻る。他の使徒たちは魚ではちきれんばかりの網を引いて舟で戻ってくる。陸に上がると、炭火がおこされていて、その上にパンがあるのが見える。イエスは使徒たちを出迎え、朝食にしよう――とれたばかりの魚も何匹か焼いて――と声をかける。私は、イエスがペテロも入れた使徒たちを食事に招くこの場面が大好きだ。イエスはペテロを問い詰めなかった。ただ浜辺で朝食に招いたのだ。

私たちが躓いたとき、イエスはどのように私たちを「**回復**」するのだろうか？　イエスがペテロにどう接したかを見ればそれがわかる。ペテロは、イエスが最も助けを必要としていたときにイエスを否定したのだ。イエスはペテロを「恥知らず」と罵《ののし》ってもいいくらいだった。次のようなことを言っていたとしても、誰も驚かないだろう：「おい、ペテロ！ わたしのことを三回も『知らない』って言ったそうだね？ 本気で？ 今さらこんなこと言いたくないけど、でも、ほら言わんこっちゃない。わたしが一番がっかりすることを、よりにもよってわたしが一番つらかったときに――使命を果たすためとはいえ――するなんてあんまりではないか。反省してくれているのかな？ 役立たずのペテロ。ろくでなし。偽善者。もう顔も見たくない！」いや、イエスはそんなことペテロに言わなかった。あなたや私にだってそんなこと言わない。ただ、こう語ったのだ。「さあ、朝の食事をしなさい」（ヨハネの福音書21章12節）。少し膨らますと『わたしのもとへ来なさい。おなかが空いているでしょう。ここに温かい焼きたてのパンがありますよ。魚も美味しそうに焼けている。寒いし、みんな疲れたでしょう。濡れちゃったね。こっちに来て、火にあたって温まりなさい。ここに腰かけて休んで、服を乾かしなさい』のようだったと思う。

イエスがあなたを朝食に招くとき、イエスは何と言うだろう？ 自分を責める声のほうが心に入ってきやすいものだ。私たちは何としても、神が用意してくれている最善のものから「**離れている状態**」こそが罪の真の姿なのだということを理解しなければならない。しかし罪を「犯す」と私たちは非難の言葉を受け取っては自分の内にそれを溜め込んでいく。自虐的になる。もう終わり、使えない奴、用済み。あるいはイエスがそういうことを自分に言っていると想像する。それでもローマ人への手紙8章1節にはこうある。「今や、キリスト・イエスにある者が罪に定められることは決してありません」。この箇所は、イエスがペテロに対しどんな思いでいたかを完ぺきに描いている。それと同じ優しさを、イエスは私たちにも示してくれているのだ。

朝食の後イエスは再びペテロに情のある言葉をかける。私たちが想像したくなるのは、イエスとペテロが浜辺を歩きながら二人だけで会話をしているところかもしれないが、ヨハネがやりとりを記録しているのでヨハネが二人の会話が聞こえる範囲内にいたのだろう。イエスがペテロに話しかけたのはおそらく焚き火の近くで、他の使徒たち全員も一緒のときだったと思う。イエスは同じ質問を三回——全部同じ文言ではないが——している。イエスが確認したかったのは「ペテロ、あなたはわたしのことを愛していますか？　あなたの人生の一部となっていた舟や網や漁、これらよりもわたしのことを——それらを投げだしてもいいくらいに——愛してくれていますか？」ということだ。ペテロがイエスへの揺らがぬ愛を伝えると、イエスは「わたしの羊を飼いなさい」と応えた（ヨハネの福音書21章17節）。

このときイエスはペテロに——そして私たちにも——私たちの想像を超えるほど大きなものを示した。お前にもう用はないなんてイエスは言わず、むしろ役割を与えた。岩《ペテロ》の上に神の計画がこれから建て上げられ、前進していくのだ。イエスはペテロのアイデンティティを「イエスを否定した者」にはしなかった。ペテロは信仰のヒーロー、教会におけるレジェンドになろうとしていた。実際ペテロはまもなく聖霊の力により福音を伝え、この日だけで三千人が救われることになるのだ（使徒の働き2章14～42節）。

もちろん「**三度の否定**」が何ももたらさなかったわけではない。二千年経ってもなお、私たちはこの物語を検証している。このペテロの言動が隠蔽《いんぺい》されたり、歴史の記録から消されたりするようなこともなかった。ペテロは自分のしたことの結果を受け入れねばならなかった。誰でも自身の選択には責任がある。

しかし、それでもイエスは決して過去の過ちに目を向けることはせず、ただペテロを回復しようとした。神の恵みがペテロの咎、そして恥をも取り除いた。もう「**イエスを否定した者**」というアイデンティティを身にまとうことはない。たしかにペテロは失敗したが、不適格者ではなかった。役立たずなんかじゃなかった。もう恥じ入るような思いで生きていかなくてもいい。ペテロは恵みによって全能の神の家族の一員そして仲間となった。

その神の恵みは、あなたにも私にも同じようにはたらくのだ。

「輝き」を与えられる

咎《とが》と恥に毒されるのはたやすく、長期間あるいは一生その状態から抜け出せなくなることがある。犯した罪による咎と恥の思いに囚われるたび、自分で自分に「傷物」という烙印を押している。自分に何か悪いことが起きたり他人の罪の影響を被《こうむ》ったりすると「虐待された」「傷つけられた」「危害を加えられた」などを自分の代名詞のようにしてしまいがちだ。でも、それは本来のあなたではない。イエスだったらこう言うだろう。「違う。それはあなたのアイデンティティなんかではない。誰かの犯した罪で傷ついたかもしれない。あるいは罪を犯したのはあなたのほうかもしれない。でも、あなたそのものが『**罪**』なのではない。あなたは家族だ。全能なる神の娘、息子だ。森羅万象の王の相続人だ。それが本当のあなたなのだ」。

浜辺でイエスがあなたを朝食に招く。あなたはただ、イエスへの愛があるかどうかを問われるだけだ。愛があるなら、あなたもイエスのもとに戻れる。イエスはこんなふうに言ってくれるだろう。「よかった、本当に。咎も恥も、わたしの恵みがあれば、もうあなたを苦しめるものではなくなる。あなたに、わたしの**教会のリーダー**になってもらいたい。わたしの羊たちを飼ってほしい。わたしの計画の一部になってほしい。わたしの名において天の父を、そして他の人たちのことも愛してほしい。残りの人生を後ろの席に隠れて生きるなんてやめよう。日陰にいることはない。自分の周りに防護壁を作る必要もない。あなたのことを愛し、気にかけてくれる人がいるのだから隠れなくていい。その人たちからの助けや愛を素直に受け取り、自分の尊厳を取り戻そう。これからは、わたしの名を世に広める手伝いをあなたにしてもらおう。その使命のために最前列まで来てほしい。**神の計画と目的**を前に進めるために、あなたを用いるために、わたしがあなたを選んだのだ。あなたはもう恥や咎に定められて生きることはない。あなたが何者なのか示すのはわたしだ。わたしを愛しているなら、**後ろ向き**になるのはやめて、**前に進もう**。一緒に。」

「**敵**」はこれを捻じ曲げようとする。あなたの食卓の一席を陣取ったままゴチャゴチャ言ってくる。声をあなたに聞かせたいのだ。心の中のたたかいであなたを負かせて、あなたの目を神からそらせたいのだ。でもそうはさせない。詩篇34篇5節が道しるべとなる：「主を仰ぎ見ると彼らは輝いた。彼らの顔は辱められることがない」。あなたは、自分が「輝いている」と思ったことはあるかな？ これは恥とは真逆な、強力なイメージだ。主のほうを向いていれば、あなたは輝く存在なのだ。キリストから放たれる光と愛を反射して、あなたの顔は輝く。恥で曇ることはない。

自分自身をゆるすのは大変なことかもしれない。それはわかる。でも、新しいアイデンティティは自力でなんとか切り抜けようとすることで生じるのではなく、自分はイエスに赦されていると気づくことから生じるのだ。新しいアイデンティティはイエスに同意することで形成される。イエスは、私たちは神の息子・娘だと言っている。私たちは赦されていると言っている。あなたはこれに賛成しているだろうか？

あなたは前進できる、とイエスが言っているのだから、できるはずだ。

第9章　真の姿を前によろめく

スポーツイベントで、いわゆる「ファン感謝デー」みたいな催しがある。チームのオーナーがスタジアムで開催するのだが、そこで最上階の観戦席にいる何人かを適当に選んで一番下の席のほうに連れてくる、といった一幕がよくある。案内係が席まで来て嬉しくて大興奮するカップルなどが大型スクリーンに映し出されているのを見たことがあるかもしれない——安い席から試合が目の前で見られるような席へ移動できるのだから。しょぼい場所から一気に「クラブレベル」（訳注：リッツカールトンホテルが最高ランクの部屋のある階にこの名称を使用している）だ。誰だって最高の席に座りたい。

実はこれが、詩編23編の中の一番理解しづらい箇所につながってくる。これまでの章で少しふれたが、もっと深く探究していこう。ここは本書の最重要ポイントなのだ。神は、あなたのための食卓をそもそもなぜ「**敵**」のいるところに用意したのだろうか？　わざわざ「リングサイドの席」に？

食卓には、ただ神がいてくれればよいのに。そのほうがしっくりする。邪魔者なんかさっさと退治してくれれば、状況を変えてくれれば、癌を取り除いてくれれば、愛しい人を元に戻してくれれば、嘘を吐く「**敵**」の口を塞いでくれればいいのに。

その答えを明らかにするために、再び食卓を思い浮かべてみよう。あなたはごちそうをふるまわれている。あなたを満たし、あなたにとって生きる糧となるもののすべてが食卓の上に用意されている。苺の大きさや、ステーキが自分の好みの焼き加減になっているかはさほど重要ではない。食卓の上に「何が」あるかではなく、「誰が」食卓に着いているのか、それが問題なのだとあなたは気づき始めた。あなたが食卓を共にしているのは真の王なのだ。この地上にたくさんいる「国王」とは違う。永遠に王である方があなたと一緒に食卓に着いている。全宇宙を統《す》べる神だ。あなたの前にいるのは、森羅万象《しんらばんしょう》の中で最も賢く、優しく、愛情深く、創造力に満ち、喜びにあふれ、そして私たちにとって興味の尽きない方なのだ。

大変なたたかいの中にあっても**主**が近くにいる。良い羊飼いはいざとなったら助けてくれて、私たちのほうから近づくこともできる。あなたが望めば望むほど、主との関係を深めることができる。森羅万象の王が一対一の関係を望んでいる……あなたと。しばしの間、これを全身全霊で受け止めてほしい。

シェリーと私は「ロンドン」という名前のゴールデンドゥードル（訳注：ゴールデンレトリバーとプードルを掛け合わせた犬種）を飼っている。この子を理解するには、まず愛を注ぐことだ。「ロンドン」はすごいのだ。話題に事欠かない。おっとりしていて人を癒す「才能」がある。おやつをもらうのも得意だ。散歩に連れて行けば道端で知らない人が立ち止まって挨拶して、「ロンドン」を撫《な》でに来る。

「ロンドン」という名前にも、私たちにとって特別な意味がある。シェリーも私も愛してやまない都市、ロンドンにちなんで名づけられたからだ。初めてロンドンを旅行したのは一九八八年だが、それ以降たびたび訪れている。伝道活動の一環で大学生たちと一緒だったり、自分の率いる教会「パッション」のイベント開催だったり、あるいは、たんに町の探索が目的だったりした。市内に住んでいる友人が何人かいるので、地元民の目線で町を見ることもできた。アビー・ロードにあるスタジオで録音作業をしたこともあった。国会議事堂の舞台裏を見学したこともある。「パッション」のイベントはハマースミスにあるホールとウェンブリーのSSEアリーナで開催された。

ロンドンで多くの時間を過ごしたことから、シェリーも私も町のことはそれなりに知っていると言ってよいと思う。長年にわたり市内のあちこちを見てまわったし、町のことをもっとよく知り、楽しむためにやってみたこともいろいろある。もちろん何から何まで見たとか試したとか、そういうわけじゃない——それにはさすがに及ばない——けれども、それでも誰かにロンドンに詳しいかと聞かれたら、まあね、と答えるだろう。ロンドンに関する「事実」をわかっていたわけではないが、とにかく町の中に「飛び込んだ」というわけだ、しかも深く。調査や探索をしてみたし、あれこれ観察したり、学んだり、探したり、見つけたりした。

まさにこのようなアプローチの仕方で、神のことも知ることができるということに気づいただろうか？　これが真実だということを、私たちは理解することができるのだろうか？

いろいろ調べるのは頭がクラクラするほど大変なことだ。でも全能なる神について、ただ事実を調べればいいというものではない。シェリーと私はロンドンに関する情報を膨大な量の本から得ることもできた。あるいは人から話を聞いてもよかった。しかし、自分たちが実際にその場にいるのと、そうでないのとは大違いだろう。

果てしなく大きな存在である、神がいる。そんな存在があなたを招いている。あなたに知ってもらうことを求めている。深く、親密に、豊かに。神はあなたと共に食卓を囲みたいのだ。あなたに神を体験してもらいたいのだ。近くにいてもらいたい。これがどれほどすごいことなのか気づけば、人生において、全身全霊で神を知ろうとすること以上に価値のあることや報いのあることなどないことがわかる。

これは大切なことだ。なぜなら「**敵**」を食卓に着かせないために私たちができることで最強なのは、食卓を共にしている「食卓の主《ぬし》」から片時も目を離さないことだからだ。「**敵**」はすぐそこにいて、獲物を狙って唸るライオンのように周りをうろついているのは、もちろんわかってる。それでも栄光の神にしっかりと視線を固定するのだ。神そのものから、神が私たちに与えてくれるすべてのよいものから、少しも離れてはいけない。イエスから目をそらさずにいれば、私たちは心の中のたたかいに勝てるのだ。

言い尽くせぬ美

真に神を知るには、神のもとにしっかり留まっていられるようにならないといけない。

私の人生において最も大切な人の中に義理の父がいる。彼を知る人々と私にとって、彼は伝説のような人物だ。でも、かなりせっかちなところがある。シェリーとつきあい始めた頃、家族ぐるみで食事に出かけたときのことだった。食事を待ちながら、食べながら雑談をする。私はまだ食べている途中だったときにシェリーのお父さんの皿を見ると、すでに食べ終わっていた。だからこんなふうに思ったものだ。あれ、四五秒前にはまだ皿の上に食べ物があったよな。というわけで、一回でもいいから彼よりも先に食べ終わることを目指すことにした。私の注文したものが来たら、会話はストップ。できるだけ早く食べる。ところがお父さんはすでに食べ終わっているのだ！

結婚後、シェリーの両親も一緒にカナダ北西部に旅行に行ったのだが、この頃までには私は早食いができるようになっていた。旅行の終盤にヴィクトリア島にあるブッチャート・ガーデンという観光地を訪れた。驚嘆に値する世界の名所の一つだ。私はこの絶景を楽しむ気まんまんで、まる一日はここにいるつもりだった。しかし、ここでも義理の父はせっかちなのだった。ここにどれくらいいたと思う？　終日？　半日？　とんでもない、たったの二七分だった。合計で。この中にアイスクリームを買って食べた八分が含まれている。シェリーのパパはビデオカメラをまわしていた。私たちが早足でスタスタと庭園内を移動するあいだ、ずっと。

私たちがアイスを手にするやいなや、パパは言う。「もういいよね。みんなＯＫ？　さあ出発だ」。

私たちの反応はこうだった。「えー、まだ着いたばっかりでしょ。すごく素敵なところだから、もっと見たいな」。

パパは言う。「でも、しっかり録画したよ。家に帰ったらテレビ画面でブッチャート・ガーデンをみんなで見よう！」

そんなわけで、そこに留まることはできず、そそくさと去る羽目となった。

全能なる神から決して離れないこと。これが食卓に着こうとする「**敵**」への最強の防御になる。目を「**敵**」に向けるのではなく、神のほうに向けるのだ。もちろん「**敵**」がどんな手を使ってくるのかを知り、着席を阻止する方法を学ぶというのも戦略だ。しかし「守り」を「攻め」に、「マイナス」を「プラス」に変える、もっとよい方法がある。心の底から神に心を傾け、御顔を「慕い求め」ると（詩篇27篇8節）、事態が好転する。そう、主の善性を「味わい、見つめ」（詩篇34篇8節）ることへの強い思いを育てていくと、あなたの人生は素晴らしいものへと変化していくことだろう。

人はたいてい世俗的な欲望を「減らそう」とするが、C・S・ルイスは次のように指摘した。

主は、人間の欲望は強すぎるというより、むしろ弱すぎると見ておられるのではないか。私たちは中途半端な生き物だ。無限の喜びが提供されているのに、飲酒、性交、野心にふけっている。それはまるで海岸での休日がどのようなものか想像することもできずにスラム街で泥のパイを作り続けたがる無知な子どものようだ。(1)

全能の神について知るという、このとてつもなく大きな招きを私が受けたのは大学生のときだった。友人と全国の国立公園を六週間かけて車で巡る旅に出ていたときだ。シアトル市にほど近いカスケード山脈にある、壮大なレーニア山を見るのを私は特に楽しみにしていた。活火山なのに氷河に覆われているレーニア山について、ジョージア州立大学の地理の授業で学んだことがあるからだ。テストで一位をとったこともある。この山については何でも知っていると自負していた。

というか、そう思っていただけだった。

友人と私は山の中、車で行けるギリギリの高さまで車を走らせた。海抜五〇〇〇フィート（訳注：一五二四メートル）あたりまで来ていた。私は友人にレーニア山について大学の地理の授業で学んだことをあれこれ話そうと思っていた。ところが車から降りてあたりを見回した途端、感動のあまり私は泣き崩れてしまった。言葉も失った。その山のあまりの大きさに。あまりの堂々とした佇まいに。あまりの素晴らしさに。めまいがするほどの光景。言葉にならないほど美しかったのだ。

翌日の晩、私たちはオレゴン州クーズベイでキャンプをした。私は目を覚ました状態で横になり、寝起きをしたテントのキャンバス生地《きじ》の天井を眺めながら神と対話をしていた。あのレーニア山で私の身に起きたのは一体何だったのかと神に問うてみた。心の中に入ってきた、神からの答えはこのようなものだった。「ルイ、君は昨日ものすごく大きなことを学んだね。何かについてたくさんの知識を得ることと、実際に身をもって経験すること。この二つは違うのだよ。君は山についていろいろ知っていた。でも昨日、君は啓示の何たるかを垣間見たのだ」。

テントの中で過ごした夜、神は私に選択肢を明示した：神に関する「知識のある人」になるか、神の招きを受けて神を「真に理解する人」になるか。私は神についてそれなりの知識は持ち合わせていたつもりだ。しかしレーニア山での体験がすべてを変えた。神に関する「情報」はいったん脇に置いて、そこから先に進まねばならない。神そのものを真に、神にもっと近づいて理解するために。

その招きの手は、あなたにも差し伸べられている。

神そのものを知る

どんなふうにそんなことが起こるのか？　いかにして全能者を理解できるようになるのか？　神の言葉そして人の子イエス・キリストが、私たちが神に近づくための「道」となる。「わたしを見た人は、父を見たのです」（ヨハネの福音書14章9節）とイエスが語った通りだ。私たちは聖霊に助けられて真理へと導かれる（ヨハネの福音書14章26節）。牧師のA・W・トーザー（Aiden Wilson Tozer, 1897 – 1963）は「神は、ご自身に当てはまることを、できうる限りの様々な形で示してくださっている。それが神の性質なのだ[2]」と言った。

神の性質は「消耗」しない。神は無限だからだ。わかりやすい例がある：「**神は愛**」。この真理は聖書の至る所に反映されているが、ヨハネの手紙 第一でそれが際立っている。神は宇宙を満たす漠然とした「エネルギー」ではない。神は人格を持っているのだ。純然たる意思や感情がある。その神の意思と感情の源泉となっているものが愛だ。聖書には「神は、実に、そのひとり子をお与えになったほどに世を愛された」（ヨハネの福音書3章16節）、「私たちがまだ罪人であったとき、キリストが私たちのために死なれたことにより、神は私たちに対するご自分の愛を明らかにしておられます」（ローマ人への手紙5章8節）とある。神の愛を見つめ、神の愛を学び、そして神の愛に思いを馳せれば、愛こそが神の類まれなる性質の最たるものの一つだということにあなたは気づくだろう。神の心は愛そのものだ。人間への愛は、神の意思の中で最も大きなものの一つだ。ひとたび神を**「愛の神」**と捉えると、神を真に理解できるようになる。

あるいは、こんな例えはどうだろう：私がスポーツのサッカーを知っているか質問するとしよう。たいていの人は知っていると答えるはずだ。世界中どこでも、知っていると言う人がほとんどだろう。サッカー（国によってはフットボール）のことは誰でも知っている。では、試合となるとフィールドには何人の選手が出るのか質問されたらどうだろう？　答えられる人は少し減るのではないだろうか。しかしそれでも一チーム十一人という回答は国を問わずけっこう得られるだろう。よし、それではアトランタのプロサッカーチームの名前を聞かれたら？　知っている人は減ると思うが、それでもアメリカ人でスポーツが好きな人なら、アトランタ・ユナイテッドのことを聞いたことくらいあるだろう。次はどうかな。アトランタ・ユナイテッドが

MLSチャンピオンシップで最後に優勝したのは何年だった？　それでもまだ、知っている人はいるだろう。もう一つ。二〇一八年のチャンピオンシップでシーズン最多得点者となったユナイテッドの選手は誰だった？　世間を沸かせたベネズエラ出身のホセフ・マルティネスだ。あなたは覚えていたかな？（訳注：日本のサッカーチーム名やヨーロッパのサッカーチーム名などを思い浮かべてもいい。またその他関連する話題を思い浮かべてもいい。）

まあ、でもサッカーについてそのくらいなら知ってるよね!?　と思うかもしれない。

私が言いたいのは、サッカーを知ることの次に、サッカーのことが真に分かる、という段階があるということなのだ。サッカーの試合をテレビで二、三回見たことがある程度の人もいれば、お気に入りのチームのホームの試合は欠かさず観戦し、アウェーの試合もわざわざ出かけて見に行くという人もいる。アトランタ・ユナイテッドの選手一人ひとりの名前と背番号を把握している人もいる。何かを「知る」方法にはいろいろあるのだ。

サッカーで例えてみたが、神が「人格を持つ、目に見えない存在」であるとはどういうことなのかさらに繙《ひもと》いていこう。神を理解することは、芝刈り気を分解するようなものではない。対人関係のスケールに当てはめてみよう。例えばあなたは誰かについてもっと知りたいと思っている。つきあってまだ二日しか経っていないカップルに、彼らが互いについて何を知っているか、どこが好きになったのか尋ねてみよう。女性のほうは「ええと、背が高いところかな。うーん。いい人だし。それと、そうだなあ。楽しい人だから」なんて言うかもしれない。これらが本当のことでも、彼女が彼氏についてまだまだ知らないことは山ほどある。

二十年以上も仲睦まじくしている夫婦に、相手について知っていることをそれぞれ挙げてもらうとしたらどうだろう。先ほどのカップルとは全く異なり、何時間も話が終わらないかもしれない。奥さんはこんな感じだろうか。「そうね、子どもに思いやりのあるところ、外から戻ったときの子どもを見るまなざし、私の実家の両親に対しても理解があるところ、会う人みんなにフレンドリーなところ。機転が利いて、私が動揺しているときもうまく対処してくれるところ。他にも、家族のためにいろいろやってくれるところ、ケンカした後にプイっと逃げたりしないところ、信仰について一緒に語り合えるところとか。私、この人のことが大好きなのよ。経歴や職歴を見たからじゃなくてね。どんな人かを手短に説明できるわけではないけど、二十年も一つ屋根の下で毎日ずっと一緒に過ごしてきたから、彼の気質や癖、性格、思ってること、やりそうなこと、気にかけていることは知ってる。あの人の心が、私にはわかるのよ」。

これが神となると、どうだろう。同じことだ。神もあなたに、表面的な知識で満足するのではなく、もっと神のことを知ってもらいたいのだ。深く、個人的に知ってもらおうと、あなたを招いている。神の恵み、愛、あわれみ、無限の大きさ、清さ、神聖さ、そして全能であることをあなたに知ってほしいのだ。あなたを助け、気にかけ、必要なものを与え、決してあなたを見捨てないことを。物ごとがあなたにとってよい方向に進むよう取り計らっていることを。神は叡智に満ちているから、助言だっていくらでもしてくれる。神はずっと変わらない。遍在していながら私たち一人ひとりを愛してくれている。神は正義だ。思いやりだってある。慈悲深い。神は無限の美、力、栄光を併せ持つ存在だ。

神はあなたに理解されることを求めている。あなたが願うなら、欲するなら、神について――どこまでも深く――知ることは可能なのだ。

神を垣間見る

では、神の性質のうち二つを掘り下げていこう。これが神のすべてではないが、まずはここを押さえておくと神についてもっと理解を深めたくなるはずだ。この二点から「羊飼い」について理解しておくと、「敵」があなたの食卓に着くのを阻止しやすくなる。

一つ目は、神は聖なる存在だということ、二つ目は栄光に満ちているということだ。この二つの真理は私たちが神について知っていることの中でも互いに関係し合う要素だ。密接につながっていて、聖書の中でもイエス・キリストという人物として示されている。

よし、神は聖なる方だ。でも、それってどういうことだろう。それが自分にどう関わってくるのだろうか。神が聖なる存在だからもっと知りたくなるって、どういうこと？　神は栄光に満ちている？　以下同文。神の栄光は全宇宙に示されているのは事実だ。ただ、それが個人レベルの話になると、それで神の栄光についてもっと知りたくなるとか言われてもピンと来ないかもしれない。

イザヤ書6章まで一走りしてみよう。前の章で取り上げた箇所だ。神の幻を見たイザヤが自分のあまりの小ささを認識し、神からあわれみを受けたことを私たちは学んだ。イザヤの咎は「生ける『燃えさかる炭』」によって取り除かれる。しかしこの箇所について前の章では取り上げなかったことがいろいろあるので、ここで深く読むことにする。はっきり言うと、神はあのときイザヤに神について啓示しただけではなく、神の中へとイザヤを招いたのだ。この章で描写されているのは「御座に着いておられ」「高く上げられ」そして「その裾は神殿に満ち」といった様子の神だ。セラフィムという六つの翼を持つ御使いたちがその上を飛ぶ。その六つの翼のうち二つで顔、別の二つで両足を覆い、残り二つで飛んで「聖なる、聖なる、聖なる、**万軍の主。その栄光は全地に満ちる**」と互いに呼び交わしていた（イザヤ書6章3節）。

この節から窺《うかが》い知ることができるのは、神の非常に「人格的」な一面だ。ヨハネの黙示録とエゼキエル書にも同様の特徴がある。チラっとだけ天国の様子を覗けるとしたらこんな感じだろう。霊的存在、御使いですら、ただただ神に圧倒されているのだ――畏怖のあまり直視もできないほど。御使いたちは神への敬意を表すために足を羽で覆った。彼らが賛美していた神の性質は何だったかな？「強い、強い、強い」でも「まことの、まことの、まことの」でも「超越した、超越した、超越した」でも「不変な、不変な、不変な」でもなかった。これらすべて、いや、神はそれ以上の存在ではあるが、御使いたちは言葉に迷わず特定の性質に的を絞った。神学的概念について議論するのでもなく、聖書アプリで「心に響く名言」を探すのでもなく、神は聖なる方だと、ただ賛美したのだ。

神の聖とは何か？　完全で、潔白で、罪と無縁な存在である神。この方向へと、御使いたちは私たちを導こうとしている。しかし神の聖さは言葉で表すことはできないほどだ。holy（聖なる）に該当しているヘブライ語は qadash で、これには「聖い、聖なる」と「分離する、別にする」の二つの意味があるのだが、この二つの概念は密接に関係している。(3) 御使いたちが声を大にして言いたかったのは：「神よ、あなたは神聖です！　神聖です！　神聖です！」なのだ。

神をその神聖さゆえに区別するのは、神には「**超絶性**」があるからだ。神はあらゆるものを超越している。そのような存在は神をおいて他にない。そういうわけで、「主よ、あなたが最優先です」という心構えこそ「そのとおり！」なことなのだ。神を二番目、三番目に格下げしてはいけない。私たちがそれを認めようが認めまいが、神が一番。トップ。勝者。そして比類なき座におられるのだ。神は誰とも競争していないので、競争で負かした相手はいない。そもそも神と競争しようなんて思わないだろう。競争相手なんかいない。神と競い合えるものなど何もないのだ。神は聖く不可侵な存在で、他のあらゆるものとは別格だ。イスラエルの民がエジプトから逃れて最初にうたわれる賛美を含む出エジプト記15章には、次のようなくだりがある（11節）：「主よ、神々のうちに、だれかあなたのような方がいるでしょうか。だれかあなたのように、聖であって輝き、たたえられつつ恐れられ、奇しいわざを行う方がいるでしょうか」。これこそ我らが神なのだ。

神の栄光とは何だろう？　栄光と聞くと名声とか繁栄している都市とか、雑誌の表紙を飾るみたいなことを想像するかもしれないが、そうしたものは薄っぺらな箔《はく》でしかない。「**神の栄光**」はそんなものではない。この世で移ろいゆくものではない。見出しの大きさで測られるようなものでもない。栄光（glory）はヘブライ語でkabodといい、またも二つの意味がある：「重さ、重い」と「重要な、価値のある」だ。(4) 神には計り知れない「重み」があり、途方もない「ありがたみ」がある。あまりにも偉大で、何物にも代えがたい。それが神の栄光だ。

ヘブライ語では、ある単語――最上級を表現するものを含めて――が強調のために繰り返されるときはたいてい二回だ。三回繰り返されるのは珍しいが、イザヤ書6章が伝えたのは「神よ、あなたを聖別します！　あなたの重みとありがたみは計り知れません。何回言っても足りないくらいです。神さま、あなたは『聖なる』どころか……

聖なる、聖なる、聖なる方！」だったのだ。

神という山に、行き着けるところまで登る

神をもっと深く知るか否か、あなたには選択肢が与えられている。イエスのおかげで、神を知ることの妨げになるものは、もはや何もない。かつては常にそうだったわけではない。旧約聖書の世界では限界があった。人々は信仰を持ちながら将来に期待するしかなかった。自分たちと神とのあいだにそびえ立つ「罪」という障壁がいつかメシアの手によって打ち破られることを信じた。

私たちが神に近づけるよう道を作ってくれたのがイエスだ。私たちは神への理解を、実際に限りなく深めることができる。パウロはこれをコリント人への手紙第二3章で説明している。神の教えはかつて石板に刻まれていたが、今や私たち一人ひとりの心に記されている。パウロはこう言った。「このような望みを抱いているので、私たちはきわめて大胆にふるまいます。モーセのようなことはしません。彼は、消え去るものの最後をイスラエルの子らに見せないように、自分の顔に覆いを掛けました」(12~13節)。顔を覆われていない私たちは皆、神の栄光を真っ直ぐに見ることができる。私たちは神に「かたどった」存在へと変えられた。十字架のみわざと聖霊が私たちを自由へと導いてくれた。では、この「自由」とは何か？　それは正々堂々

と神のみ前に立つことだ。そして神という山に、自分の登りたい高さまで登ることだ。

計り知れない重み、
途方もないありがたみ。
あまりにも偉大で、
何物にも代えがたい。
それが神の栄光だ。

キリストが、それらすべてを可能にしてくれたのだ。イエスが誕生すると御使いたちは「いと高き所で、栄光が神にあるように」（ルカの福音書2章14節）と賛美した。この上なく重要で大切なものがキリストとして地上に降誕した。現代を生きる私たちにとって、これはよろめくほどの真実なのだ。イエスが「聖なる、聖なる、聖なる」神に私たちが近づけるようにしてくれた。そしてイエスが死ぬと「神殿の幕が上から下まで真っ二つに裂けた」（マタイの福音書27章51節）。神と人間とのあいだの断絶をイエスが埋めたのだ。父なる神に「**アクセス可能**」となったのだ。ヘブル人への手紙10章19～20節には、このことが明確に示されている：「私たちはイエスの血によって大胆に聖所に入ることができます。イエスはご自分の肉体という垂れ幕を通して、私たちのために、この新しい生ける道を開いてくださいました」。

神を山に譬えると、その山を登ることに私たちは招かれている。どこまでも高く。それなのに一番下の「登山口」にいつまでも留まってしまいがちなのは、そのほうがはるかに「楽ちん」だからだ。あなたが招かれているのは、もっと高く、行き着くところまで登ることだ。登っているうち、神には無限の力があることに気づくだろう。無限の愛。無限の美。無限の威光。聖アウグスティヌスは「あなたは私たちを、ご自身にむけてお造りになりました。ですから私たちの心は、あなたのうちに憩うまで、安らぎを得ることができないのです。」(アウグスティヌス『告白』I、山田晶訳、中公文庫、6頁)という名言を残している。[5]

というわけで、食卓に「**敵**」を寄せ付けない方法は、神という山に登ることだ。神の重みとありがたみを心で理解しよう。その過程であなたは変えられていく。人は自分が依り頼む対象のように自身もなっていくものだと聖書は明確に伝えている(詩篇115篇8章「これを造る者も信頼する者もみな　これと同じ」)。全能なる神に常に意識を向けていれば、私たちは神に近づいていくことだろう。私たちの心をつかんで離さない神に。そして私たちは、神の栄光が反映された存在になれるだろう。

つらいときでも輝ける

詩篇34篇5節「主を仰ぎ見ると　彼らは輝いた」を覚えているかな?　イエスにしっかりと視線を定めていると、顔つきまで変わってくるのだ。本当だってば。希望が目の輝きとなって表れ始める。表情が沈みがちだった人は笑顔がこぼれるようになる。だんだんわかってきたかな?　困難の最中でもあなたは「王」と同じ席に着いているのだ。すぐ近くには「**敵**」が座ろうとしている席もある。そして高く離れた場所からあなたの近くまで降りてくる。神があえてそうさせる。そのとき「**敵**」のほうからは何が見えるだろうか？　困難で凹《へこ》んでいるあなたと、自分たちを睨《にら》み返すあなたのどっちだろうか？　どちらでもない。「**敵**」が見るのは、神から放たれる光を反射して輝くあなたの顔なのだ。

おおっ！　ついに核心にたどり着いたぞ。近くに敵がいる場所に食卓が置かれているのは一体なぜなのか？　それは、この話がともかく神の偉大さを示すものだからだ。私たちは良い羊飼いに導かれるという恩恵にあずかることができるのだが、イエスには比類なき最高の羊飼いとしての栄光がある。

何よりも大事なのは神の栄光だ。もし私たちが、神がどれほど偉大で慈しみ深くて善い存在なのか知らなかったとしたら、神に遠く及ばない他の何かのほうに気が向いてしまうのも無理からぬことだ。誰かが――それはまさにあなたかもしれない――身をもって示してくれなければ、神は他のすべてを凌駕《りょうが》するものだと知る由もない。私は厳粛な気持ちで、ある殉教者たちのことを思い出す。二〇一五年、リビアの海岸で二一人のキリスト教徒が、キリスト教徒であるというだけの理由でＩＳに殺害された(6)。ＩＳのメンバーたちは無恥にも二一人の命を情け容赦なく一瞬で奪った。それなのに全能なる神に依り頼むクリスチャンたちは、死を目前にしてもその顔に悲壮感など微塵も表れていなかったというのだ。殺人者たちはこう思ったに違いない。これから首を刎《は》ねられるというのに賛美なんかしていられるとは、こいつら一体どうなってる？

食卓が「敵」のいるところに置かれている理由はこれだ。どんなときも、つらいときでも、何も心配しなくていいということを神はあなたにわかってほしいからなのだ。闇に包まれる夜も神はあなたを支えている。神は、輝いているあなたの姿を「敵」に見せつけてやりたいのだ。なぜか？　それは、そうすれば「敵」はそのうちあなたのことを諦め、あなたの顔を輝かせている「光源」つまり「全てが膝をかがめる」存在のほうに目を向けるようになるからだ（ローマ人への手紙14章11節「……主は言われる。『わたしは生きている。すべてのひざはわたしの前にかがみ……』」：新共同訳」、ピリピ人への手紙2章10～11節「それは、イエスの名によって、天にあるもの、地にあるもの、地の下にあるもののすべてが膝をかがめ……」）。

最後に、食卓が「敵」のいる場所にある理由がもう一つある。それは、あなたが神を賛美するのを「敵」に聞かせるためだ。賛美は、あなたの目線がイエスに定まっていれば邪魔されることはない。そして、それは「敵」に対する武器になる。神が高められ、鎖は断ち切られる。こう宣言しよう：周りには「敵」もいる。でも、主イエスよ――あなたが私のすぐ側にいます。ティーカップ一杯ぶんの神の知識ではなく、海のように広く深く神の本質を理解するのだ。そうすれば、すべてが変わる。

新たに見出された、神とあなたとの関係。それを見せられるのは「敵」にとってダメージになる。心の中のたたかいにどうやって勝つのか？　それは、イエスにしっかりとつながっていることだ。そうすれば「**敵**」があなたの食卓に着くなんて、もうあり得ない。

（1）C. S. Lewis, The Weight of Glory (San Francisco: HarperCollins, 2001), 25–26.
（2）A. W. Tozer, Knowledge of the Holy, repr. ed. (New York: HarperOne, 2009), 13.
（3）James Strong, Strong's Exhaustive Concordance of the Bible (Nashville: Thomas Nelson, 2009), 6942.
（4）Strong, 3519.
（5）Augustine, Confessions, trans. F. J. Sheed, 2nd ed. (Indianapolis:Hackett, 2006), 1.1.1.
（6）ニューヨーク・タイムズ紙の電子版にて取り上げられているものを載せておく：
David D. Kirkpatrick and Rukmini Callimachi, "Islamic State Video Shows Beheadings of Egyptian Christians in Libya," February 15, 2015, https://www.nytimes.com/2015/02/16/world/middleeast/islamic-state-video-beheadings-of-21-egyptian-christians.html

第10章　心という庭園

シェリーと私は、定期的に犬の「ロンドン」をドッグランに連れて行く。ここに来ると「ロンドン」は走り回ったり、ぴょんぴょん跳ねたり、他の犬たちとじゃれあったり本当に楽しそうだ。私たち夫婦にとっても素晴らしい時間だ。

しかし時に厄介なことが起こる。近隣の建物の排水管が地下を通ってドッグラン内にある排水溝まで伸びているのだが、「ロンドン」が排水管の中に駆け込みたがるのだ。これは絶対にダメなことだ。排水管は直径二フィート（訳注：約六〇センチ）くらいなのだが、その中に駆け入って姿が見えないくらい奥に行ってしまうことがある。不気味な暗闇があること以外、先がどうなっているのかはさっぱりわからない。排水管は「ロンドン」にとって立ち入り禁止エリアだ。「ロンドン」にはしっかりとそれを教えた。

「ロンドン」は、いつもそっちに行きたがるというわけではない。ここにはよく来ていて、いつも「平常通り」だ。ママとパパと一緒の、とびっきり楽しい時間。でもある日、ドッグランに着いて車から「ロンドン」を降ろすやいなや「ロンドン」の中で「スイッチ」が入ってしまった。「ロンドン」が何を思ったか定かではないが、たぶんこんな感じだったのではないだろうか‥

「うーん。ママとパパはあの中に入っていっちゃダメだっていう。ぬれて泥まみれになっちゃうから、それがイヤだっていうのはわかる。奥のほうに、あたしの鼻にかみついてくる何かコワいものでもいるのかな。ダメなのはわかってるけど……すっごいおもしろそうなんだもん。一回だけならいいよね。ふたりがよそ見をしないか、あたしのほうはちゃんと見てよっと」。

それで実際ちょっと目を離した隙に、ダーッ、走りだす。坂を駆け降り、猛ダッシュ。ダメな方向へひた走る。頭の中はあの排水管のことで一杯なのだ。あの中にどうしても入ってみたい。その気持ちを抑えられないのだ。

あなた自身は、そんな状態に陥ったことはあるだろうか？

この本もそろそろ終わりに近づいているが、自分の思考や行動をなかなか変えられないという人も中にはいると思う。自分について間違った思い込みをして悩んでいたり、心をわしづかみにするような誘惑に抵抗できずにいたりするかもしれない。神が自分に何を求めているかわかっているのに、それでもよくないほうの道を完全に無視することができない。

これが事実だ：人生におけるたたかいとは、自分の心の中のたたかいのことだ。「勝利」も、心の中で得るものだ。神はあなたに、自分の心を「イエスの名によって」そして「聖霊の力を借りて」自分でコントロールできるようになってもらいたいのだ。あなたは意思を持つことができる。それで人生は変わっていく。未来永劫。これは本書でずっと語ってきたことだ。神は私たちの物語の中にいる。その中で私たちと共にいる。だから行きつく先は勝利なのだ。途中で横道にそれたり、転んだりすることもあるだろう。「**敵**」が食卓に着いてしまうかもしれない。でも、それとももうおさらばだ。

ローマ人への手紙8章6節「肉の思いは死ですが、御霊の思いはいのちと平安です」は、私たちの食卓にもはや「**敵**」の居場所なんてないことを短くも見事に表現している。新アメリカ標準訳聖書では次のようになっている：For the mind set on the flesh is death, but the mind set on the Spirit is life and peace. 私はこの聖書が採用している言い回しが好きだ。set on（～したいと思っている）の部分（訳注：新改訳2017、新共同訳共に「思い」となっている）をcontroled（操られている）とかgoverned（支配されている）と訳している聖書もあるが（The mind governed by the flesh is death, but the mind governed by the Spirit is life and peace）、私はset on「～したいと思っている」つまり心が御霊のほうに定まっている、という表現のほうが好きだ。自分自身に対する見方を変えたり人生についての考え方を改めたりすれば、私たちは心の有りようを自分で新しくすることができるのだ。
では、御霊が私たちに進むことを望んでいる方向に心を定めるにはどうすればよいだろうか？

「いのち」へと向かう

「いのち」へと向かうためには、考え方を変えなければならない。考え方は変えられる。それをわかってほしい。思考は変えられる。心をキリストに定めると人生が変わる。神はあなたと共にいて、あなたの味方だ。神はキリストを通じて勝利の足掛かりを築いてくれた。でも、そこから先はあなた自身にかかっている。

これらすべて具体的に、人生においてどんなふうにはたらくのだろうか？　心の中のたたかいに勝つことで食卓に「**敵**」の席を与えないようにするのだが、何をもってして勝ったことになるのかというと、これまでの古い考え方を新しいものと取り換えることができたときだ。古いほうが「**死**」につながる思い、新しいほうは「**いのち**」につながる思いだ。新しい思考が自分のものになるにつれ、行動パターンに変化が表れてくる。勝利は心から始まる。心における勝利を手に入れる強力な方法の一つは神そして真実を求める気持ちをしっかり持ち、避けるべき悪いもののことなんか考えないことだ。これを可能にする、自分にできる最も強力な手段は聖句を覚えておくことだ。

私は御国の使命を受け、
聖霊からこの世に遣わされた。
暗くなってしまったこの世界で「光」になる、
という使命だ。
イエスが他の人たちにも

見えるようになるために。

自分の心を「**庭園**」と想像してみよう。種が風に乗って、あるいは鳥に運ばれ落とされて、はたまた他にも様々な方法であなたの庭園に蒔かれる。でもあなたが庭師だったら、そこに何が育つかを決めるのはあなただ。「よい種」には水をやって育て、望まない種から伸びてきた雑草は取り除く。その自由があなたにはある。

心という庭園で、どのように栽培、除草、水やりをするのか？　ローマ人への手紙12章2節には「この世と調子を合わせてはいけません。むしろ、心を新たにすることで、自分を変えていただきなさい。そうすれば、神のみこころは何か、すなわち、何が良いことで、神に喜ばれ、完全であるのかを見分けるようになります」と書いてある。何であれ、心に取り込んで抱き続けているものは庭園で大きくなっていくのだ。人は種を蒔けば、刈り取りもすることになる。

心を一新するには、自分の思考をみことばで「包む」ようにするといい。何を考えるかは自分で決める。意識して良い種、すなわち神の思いを自分の心に蒔くのだ。よい種が根づいて育っていくと、「**敵**」があなたの心に植えつけようとする「有害な雑草」を取り除きやすくなる。

これから、七つの「**神の種**」を紹介する。ちょっと待った。ここで本を閉じないでほしい。七つも課題をこなさなきゃいけないの、できっこないよ、なんて決めつけないでほしい。できるってば！　時間はかかるかもしれないけど、自分の心を変えることができれば、自分の人生も変えられるのだから。

まずは小さく始めることを勧めたい。自分の思いと神の思いの歩調を合わせるようなイメージでやっていこう。一つ一つ、段階的に。一日に一つの思考をテーマにする。その日のテーマとじっくり向き合って、該当する聖句を覚えよう。一週間が終わるころには**心という庭園**で種が発芽し育ち始めるはずだ。あるいは、一週間に一つの思考と聖句、というペースでもいい。それだと七週間だ。いずれにしても、これら七つの思考の種を蒔いて、育てていこう。今から始めよう。文言はそれぞれ自分用に「カスタマイズ」してかまわない。聖書箇所は各テーマのものを覚えよう。

1　私は「神の物語」の一部だ。

あなたという存在。それも神の物語の一部だ。神の物語は、あなたよりも大きい。究極的には、その物語はあなた一個人に関するものではないが、あなたは神の栄光と恵みの物語に招かれている。それは神についての物語。すべてがそうだ。でも、あなたの席が神の食卓に用意されている。

お母さんの子宮の中であなたが「組み立てられる」よりも前から、神はあなたのことを知っていた。良い羊飼いであるイエスはずっとあなたを導いてきた。「主は人の一歩一歩を定め　御旨にかなう道を備えてくださる」と書いてある通りだ（詩篇37篇23節：新共同訳）。

次の聖句を覚えて、この思いを心の中に植えよう：「わたしは、あなたたちのために立てた計画をよく心に留めている、と主は言われる。それは平和の計画であって、災いの計画ではない。将来と希望を与えるものである」（エレミヤ書29章11節：新共同訳）。

あなたは神にとって大切な存在だ。でも本質的には、これは個人がスポットライトを浴びることを意味するものではない。神は、永遠に続く神の物語の中へとあなたの人生を招いている。それを受け入れる選択をすれば、あなたの人生は大きな意味を持つようになる。

2　私は「恐ろしいほどに素晴らしく」創造された。

あなたは宇宙の気まぐれで「たまたま」生まれたのではない。あなたの存在の背後には神の意図がある。あなたは神の素晴らしい作品なのだ。神はあなたを贖《あがな》い、あなたの名前を知っている（イザヤ書43章1節）。

だから次の聖句を覚えて、この考えを心の中に植えよう：「あなたこそ　私の内臓を造り　母の胎の内で私を組み立てられた方です。私は感謝します。あなたは私に奇しいことをなさって恐ろしいほどです。わたしのたましいは　それをよく知っています」（詩篇139篇13〜14節）。

あなたは創造主ではなく、被造物だ。神はこうであってほしいとか、神のイメージがあるかもしれないけれど、人間が自分たちを投影しているものが神なのではなく、私たちのほうが神にかたどられて造られたのだ。神はあなたを神の領域へと招いている。あなたにこのようであってほしいとか、こうなってほしいとか、神にはビジョンがある。あなたは偶然そこにいるのではなく、偶発的な産物でもない。神に造られた存在なのだ。

これを毎日思い起こそう。植えられた種はやがて大きな樹に育っていく。あなたや周りの人たちが、その下で休みたくなるような樹に。神にとってあなたはかけがえのない、大切で価値ある存在だ。あなたも自分自身のことをそんなふうに思えるようになってくるはずだ。

3　私の人生には目的がある。

あなたがこの世に生を受けたのには貴《とうと》い理由がある。神はあなたに果たしてもらいたい「よい行い」がいろいろある。大事なことをしてもらうためにあなたを呼んだのだ。

この思いを心に植えるには、次の聖句を覚えよう：「実に、私たちは神の作品であって、良い行いをするためにキリスト・イエスにあって造られたのです。神は、私たちが良い行いに歩むように、その良い行いをあらかじめ備えてくださいました」（エペソ人への手紙2章10節）。

たまたま起こる物ごとには意味はない。「発生」する事象に、特に何か意味があるということはないだろう。しかし「**創造**」されるものには何らかの目的がある。あなたは、この世にたった一人しかいない。割り当てられた使命がある。それが存在理由だ。神の大きな物語の中で、重要かつ必要な、あなたにしかできない何かがある。

自分のことを「どうでもいい存在」なんて思ってはいけない。あなたはそんなものじゃない。神の目的のためにこの世に生を受けたのだ。あなたの人生は神にとって、さらにこれからあなたに助けられる人たち——それも神が「配置」するのだが——にとっても大切なのだ。

4　最終的な結論は十字架上で出されている。

イエスが十字架で成し遂げたことが、あなたの人生を明確にしている。それは「死」に打ち勝つものだ。あなたのアイデンティティはキリストに結び付けられている。あなたは全く新しく造られたのだ。誰からも必要とされていないとか、魅力がないとか、役立たずとか、そんなことはない。あなたは神から求められ、神にかたどられて造られ、キリストの愛を受け取るにふさわしい人間なのだ。だって、イエスがそう決めたのだから。あなたのアイデンティティはキリストの死・埋葬・復活によって生まれた。

イエスが命を捨てた――それはあなたのためでもある――ときに明示されたこと以外の話に耳を貸してはいけない。あなたは赦され、正しくされた。キリストにあって、あなたは聖い存在なのだ。新しく家族の一員となり、神の計画と目的の一部として織り込まれている。咎は取り除かれ、あなたは自由だ。

次の聖句を覚えて、この思いを心に植えよう:「だれでもキリストのうちにあるなら、その人は新しく造られた者です。古いものは過ぎ去って、見よ、すべてが新しくなりました」(コリント人への手紙 第二5章17節)。

5 私は神に喜ばれることをする。

イエスのみわざはあなたの「務め」の質を変える。ただ自分の仕事をこなすのではなく、あなたはイエス・キリスト ― 王の中の王 ― に仕えるのだ。この真実に照らして、こんなふうに個人のビジョンを明文化して毎日自分に言い聞かせよう：私は御国の使命を受け、聖霊からこの世に遣わされた。暗くなってしまったこの世界で「光」になる、という使命だ。イエスが他の人たちにも見えるようになるために。

そしてこの思いを、次の聖句を覚えることで心に植えよう：「あなたがたは選ばれた種族、王である祭司、聖なる国民、神のものとされた民です。それは、あなたがたを闇の中から、ご自分の驚くべき光の中に召してくださった方の栄誉を、あなたがたが告げ知らせるためです」（ペテロの手紙第一2章9節）。

6 イエスは主。そして、私の主。

神より強いものも高いものもなく、神はあらゆる賛美を受けるべき存在だ。あなたの神は偉大な王なのだ。神の王国は永遠で、計画は揺ぎなく、確固たるものだ。

この思いを心に植えるには、次の聖句を覚えよう：「神は、この方を高く上げて、すべての名にまさる名を与えられました。それは、イエスの名によって、天にあるもの、地にあるもの、地の下にあるもののすべてが膝をかがめ、すべての舌が『イエス・キリストは主です』と告白して、父なる神に栄光を帰するためです」（ピリピ人への手紙2章9～11節）。

7 神はわざわいを益に変える。

人生、いつも思い通りになるわけではない。この世界はボロボロだ。私たちはそんな中で生きている。でも、どんな状況にあっても、ここに挙げた七つの「神の種」があなたの心で成長するのを阻むものはない。困難も、落胆も、病気も、離婚も、暗闇も荒れ地も、あなたの思考の中で神の思いが大きくしっかりと育っていくのを止めることはできない。

次の聖句を覚えて、この思いを心に植えよう：「神を愛する人たち、すなわち、神のご計画にしたがって召された人たちのためには、すべてのことがともに働いて益となることを、私たちは知っています」（ローマ人への手紙8章28節）。

この七項目から始めよう。神はこれらの真理を自ら語った。ここから先――真理の種を自分の心に植え、みことばが根付き、大きくなり、作物を収穫できるようになるまで手入れをして育てていくかどうか――はあなた次第だ。

これまでに描いてきたイメージを通して、あらためて真実に光を当てる：みことばの種をあなたの心という庭園に植えることであなたは「変容した人」となり、食卓――良い羊飼いと親しい交わりを持てる場だ――に着いている。そこに「敵」の居場所はない。あなたは主と共に食事を楽しむのだ。山は神の壮大さを象徴している。あなたには、その山に、神を知るためにどこまでも高く登る特権を得ている。これらはどれも、森羅万象の神との深い関係そしてそれをさらに深めていくこと――つまりあなたが招かれていること――をイメージ化したものだ。何も恐れることはない。良い羊飼いであるイエスが、あなたの一歩一歩を導いているのだから。

恐れずに前進し続ける

聖書は明確に示している：イエスはあなたの内にいる。心にイエスが内住すると、あなたは「リセット」されたような状態になる。罪を責められることはなく、新しい人生を得て、新しく「家族の一員」とされる。イエスを通して神とつながる。キリストの十字架のみわざによってあなたは「死」から解放され、みこころに適う生を全うするようになる。聖霊の内に生き、聖霊によって生かされ、キリストのために生き、キリストの内に生き、キリストの栄光が讃えられるような人生を歩むのだ。ここは譲れない。イエスに身を委ねよう。それがあなたへの呼びかけだ。完全にオープンになって、いつでも用いられるようにしておこう。イエスがあなたに新しいアイデンティティを与えた。世の人々にイエスのことをもっと知ってもらうようにするのがあなたの務めだ。

あなたも同じように思っているかはわからないけれど、私は自分の心も精神も毎日イエスに「セット」しておきたい。常に心をみことばで満たしていたい。時間を少しも無駄にしたくないのだ。横道にそれたくない。私の食卓に「**敵**」を座らせたくない。御霊に心を合わせて、神に従って毎日を送りたい。神はあなたにも私にも、進むべき道を用意してくれている。自分のやりたいようにやるのではなく、キリストを世に知ってもらう計画の一部になることによってそれが可能になる。

私は、自分の人生で神の神秘的な力がはたらいてほしいと思っている。世間一般基準の「普通の生活」を「普通に」送って、就寝前に一日をふり返るだけの毎日を送りたいとは思わない。それでは物足りない。楽勝な人生なんて要らない。私は神を深く知りたい。神と親密になりたいのだ。自分の人生を、言葉では言い表せないようなものにしたいのだ。

あなたが望んでいる人生も、このようなものではないだろうか？　もしそうなら、あなたにも実現可能だ。聖霊の力を完全に信頼して生きる。それはあなた自身が信仰の道へと一歩を踏み出すことから始まる。人間というものは「先に奇跡を見せてもらえれば信じられるのに」なんて思ってしまうものだ。「オッケー神さま、何かすごいことやってみせてください。そうすれば一歩踏み出しますから」「まずはお告げをお願いします。ほら、マイクの用意はできてますよ」「先に必要なお金を全部ください。そうしたら賜物を生かせる仕事に取り掛かります」「私にぴったりの結婚相手を与えてくれたら、未知の世界にだって飛び込みます」といったように。でも、イエスが用意してくれている人生を十全に生きるためには、自分から行動を起こさねば。神の導きに従って私たちが自分の口で語るのだ。信仰によって行動することによって御霊の力が「発動」する。

それがあなたの使命だ。今日から始めよう。

食卓に「**敵**」の居場所を与えてはいけない。あなたは心の中のたたかいに勝てるのだ。罪、絶望、闇に屈してはいけない。すべての思いを「取り押さえる」こと。神から来ているのではない思いはすべてイエスの名によって捕まえるのだ。みことばの持つ善性や豊かさで心を満たそう。みことばを暗記し、何を思うか自分で選ぼう。あなたの心と人生がいつも神の思いで満たされるように。イエスに「完全降伏」して生きていこう。イエスが導いてくれるのは青草の原、憩いの水のほとりだ。私たちは死の陰の谷をも通らねばならないが、もう恐れることはない。欠けること、乏しいことは何もない。イエスが魂を生き返らせてくれるからだ。私たちが招かれている食卓の周りには「**敵**」がいる。それでも何も心配しなくていい。あなたの頭には香油が注がれているからだ。そしてあなたの杯は豊かにあふれ、恵みと慈しみが命あるかぎりあなたを追ってくるようになる。

良い羊飼いがあなたと食卓を共にしている。イエスが私たちに与えたいものはたくさんあり、あなたにも受け取ってほしいと招いている。主とあなただけの食事を頂こう。

イエスそのものが「**ごちそう**」なのだから。

謝辞

どの本も長い道のりを経て出来上がるのだと思うが、本書はたくさんの人たちの協力なしに完成させることはできなかっただろう。「パッション」の最高の仲間たちに恵まれたこと、さらにハーパーコリンズ・クリスチャン・パブリッシングおよびＷパブリッシング・グループの皆さんと一緒に仕事ができたことに、シェリーも私も心から感謝を申し上げたい。

執筆には、単独で賞を受賞したこともあるマーカス・ブラザートンに特に世話になった。本書のストーリーを形にするのを手伝ってくれてありがとう、マーカス。助言や意見もしっかり本書の中に入れておいた。君の文章力は凄いと思う。さらに、聖霊の力により神のみことばの真理が人々の心に変革をもたらすよう願ってくれたことにも感謝している。

制作面でのパートナーは、パッション・パブリッシングのチームでトップを務めていて、キリスト教出版物に多大な貢献をしているケヴィン・マークスだ。ケヴィンは文字通り「壁一枚を隔てた」オフィスで着実なアドバイスをくれたり、ＨＣＣＰ（ハーパーコリンズ・クリスチャン・パブリッシング）とのやりとりをする際の舵取りをしてくれたりした。さらに我がチームのプロジェクト・マネージャーのエミリー・フロイド、マーケティング・マネージャーのラシェル・レゲンタスにも感謝している。

また、マーク・ショーンウォルド、ダン・ジェイコブソン（私の著書第一号の出版に携わり、最近ＨＣＣＰに入社した）をはじめとするＨＣＣＰの皆さん、デイモン・ライス（Ｗパブリッシングでチームを率いる）にも心からお礼を申し上げる。さらにＷパブリッシングのカイル・オルンド、ミーガン・ポーター、クリステン・ペイジ・アンドリュース、カレン・ウォルフ、ローラ・アスクヴィグ、アリソン・カーターその他の素晴らしいメンバーの皆さんと一緒に仕事ができたことを光栄に思う。

「パッション」における私の個人的なチームは本当に最高のチームだ。執筆や編集の手助け、創造的なことやマーケティング、ソーシャルメディアに関する助言をしてくれたうえ、常に励ましてもくれた。他にも色々ある。エグゼクティブ・プロジェクト・マネージャーであり主任顧問でもあるスー・グラッディ、さらに私を直接サポートしてくれたチームのメンバー、アナ・ムノス、ジャイク・ダーゲ、ブリット・アダムス、メイシー・ヴァンスの助力なしに本プロジェクトを完了させることはできなかった。

シェリーと私には、家族のような素晴らしい仲間たちがいる。「パッション」における創作、戦略、美術の各担当者、牧師たち、その他スタッフのみんなに感謝している。全員が一丸となって、このような本が世界中の人たちに届くよう、環境をしっかり整えてくれた。

表紙のデザインは「パッション」のデザイン部門でリーダーを務めるレイトン・チンによる見事な手仕事、ウェブデザインはチャンドラー・ソーンダースによるものだ。プロジェクト・マネージャーのケイトリン・ランドルフも関わってくれた。

また、「パッション」のリソース部門で今季チームをまとめているミスティ・ペイジ、コートニー・マコーミック、ジャスティン・サイモンにもお礼を言いたい。おかげでたくさんの人がこの本にたどり着くこととなった。

さらに、本書のメッセージが多くの人の心に響き励ましを与えると信じて、この物語を世に伝え、広めることに尽力してくれているジョー・ガノン、ケヴィン・ステイシー、ジェイムズ・ヴォア、リンジー・ウィリアムズにも感謝している。

シェリーも私も、一人ひとりに心から感謝している。神へのひとかたならぬ思いを皆で共有できたのは、本当に貴重な経験だった。

訳者あとがき

著者のルイ・ギグリオ氏は、集会や講演でも本書の中でも気さくな語り口で、時に熱意をこめて、時にジョークを交えて語ります。そのため、それにあわせて堅苦しくない口調に、目の前で読者の方に話しかけているような口調に訳しました。また、牧する教会がアメリカの若年層から大きな支持を得て発展してきた経緯もあるためか、ネットスラングを含む「若者言葉」がたびたび出てきます。もし訳語がすでに「死語」になっていたらご容赦ください。ちなみに聖書の時代および地域では、食事の時の姿勢は「横たわる」に近いものだったようですが、食卓と椅子がセットで描写される場面がたびたび出てくるため「着席」や「座る」などと訳しました。

ギグリオ氏の人柄が垣間見えるエピソードを一つご紹介しましょう。ギグリオ氏はメッセージや講演をYoutubeでも配信していますが※、その中で「心の病を抱えているクリスチャンに対して教会が『信仰で克服できるはずだ』とか『もっと祈りなさい』なんて言って逆にプレッシャーを与えるようなことがあってはいけない」という主旨の話をしていたことがあります。It's not that simple for everybody.（誰でも簡単にできることじゃない）と。客席からは「そうだそうだ！」の声が上がっていました。しめくくりの言葉は「あなたが大丈夫じゃなくても、イエスは大丈夫（だから大丈夫）」でした。

読み進める途中、「自分もこうだった」「こういう経験、身に覚えがある」「誘惑に負けそうになることがよくある」など、共感できる場面はあったでしょうか？　私には、ありました。なかったことにしたい「黒歴史」（第8章）もあります。そうなのです……私たちはみんな、「羊飼いを必要とする羊」です。鼻の穴に、知らないうちに変な物を入れられないようにするため（第4章）、頭に香油を垂らして頂かなくては。

「主は私の羊飼い」。本書を読んでくださった皆さまも、この思いを新たにすることができたならば、それは訳者としてこの上ない喜びです。

出版にあたり、ヨベルの安田正人さんにはたいへんお世話になりました。感謝します。また、翻訳のきっかけをつくってくださった日本基督教団石巻栄光教会牧師・川上直哉さん、戦史部分の訳出を助けてくださった関西におられるI先生、他にも応援してくださった方々、そして末筆ながら読者の皆さまに心から感謝を申し上げます。

2023年2月　レントを前にして

田尻潤子

※英語になりますが、動画チャンネルをご紹介しておきます：
http://www.youtube.com/@PassionCityChurch

ルイ・ギグリオ(Louie Giglio)：
パッション・シティ・チャーチ（Passion City Church）牧師。イエスの名声のために精いっぱい生きることを世に呼びかける「パッション・ムーブメント(The Passion Movement)」の創設者でもある。
一九九七年に始まった「パッション」のカンファレンス／イベントは米国のみならず海外でも開催されており、特に大学生など若年層から支持されてきた。直近のPassion 2021では、オンラインによる参加者は

一五〇か国以上から七十万人以上にも上った。
執筆活動では、米国内ベストセラーを含む多数の著書がある。本作「敵に居場所を与えるな　詩編23編に学ぶ、人生を変える方法」（Don't Give the Enemy a Seat at Your Table）の他にもGoliath Must Fall. Indescribable: 100 Devotions About God & Science. The Comeback. The Air I Breathe. I Am Not But I Know I Amなどがある。メッセージはIndescribableやHow Great is Our God. のタイトルでシリーズとなっているものが広く知られている。
出身はアトランタ。ジョージア州立大学卒業後ベイラー大学へ進学、サウスウェスタン・バプテスト神学校にて修士号を取得。現在妻のシェリーとジョージア州アトランタに在住。

田尻潤子（たじり・じゅんこ）
消費財メーカーでの社内翻訳、シンガポール勤務を経て、ケニア医療支援 NPO 法人での翻訳に携わる。
翻訳の傍らキリスト教書籍の書評を発信：http://chri-books.weebly.com

「敵《ヤバイ奴》」に居場所を与えるな

あなたの人生を変える —— 詩編 23 編からの発見

2023 年 5 月 25 日初版発行

著　者 − ルイ・ギグリオ
訳　者 − 田尻潤子
発行者 − 安田正人
発行所 − 株式会社ヨベル　*YOBEL, Inc.*
〒 113-0033 東京都文京区本郷 4 − 1 − 1　菊花ビル 5F
TEL03-3818-4851　FAX03-3818-4858
e-mail：info@yobel. co. jp

装　幀 − ロゴスデザイン：長尾 優
印　刷 − 中央精版印刷株式会社

配給元 − 日本キリスト教書販売株式会社（日キ販）
〒 162 - 0814　東京都新宿区新小川町 9 - 1
振替 00130-3-60976　Tel 03-3260-5670

ISBN978-4-909871-41-1 C0016
断りのない限り聖書引用は、聖書 新改訳 2017（新日本聖書刊行会発行）を使用。

ヨベルの既刊書（税込）

ティモシー・S・レイン／ポール・D・トリップ　田口美保子訳

人はどのようにして変わるのか

本書は、アメリカで、聖書を心のケアをするのに十分にして必須のものと考えて行われている、ビブリカル・カウンセリングの構想を得て書かれた本です。ビブリカル・カウンセリングの根底にある思想を知るための、重要な入門書。変わりたい方へ送る入門書。

再版！　Ａ５判変型・四〇八頁・一七六〇円（本体一六〇〇円＋税）
ISBN978-4-907486-94-5

神田外語大学大学院教授

岩本遠億

366日元気が出る聖書のことば

あなたはひとりではない

人は、決して揺らぐことのない基盤の上に自分の存在を確認したいと願っています。しかし、この大地も、経済も、自分の健康も、信頼していた人も確実な基盤ではありません。私たちは、それを人生の中で幾度となく経験し、知って行くことになるのです。そんな中で、全ては移ろい行く、確実な基盤はないと達観することが私たちにとっての解決なのでしょうか。（略）……（5月13日の本文より）

五版出来！　Ａ５判変型上製・三四四頁・一九八〇円（本体一八〇〇円＋税）
ISBN978-4-909871-19-0

info@yobel.co.jp　FAX03(3818)4858　http://www.yobel.co.jp/